BIBLIOGRAPHIE

UNIVERSELLE,

OU

ANALYSE CRITIQUE

DE TOUTES LES PRODUCTIONS LITTÉRAIRES,

ET DES OUVRAGES CONCERNANT LES SCIENCES, LES ARTS, L'AGRONOMIE
ET L'HORTICULTURE.

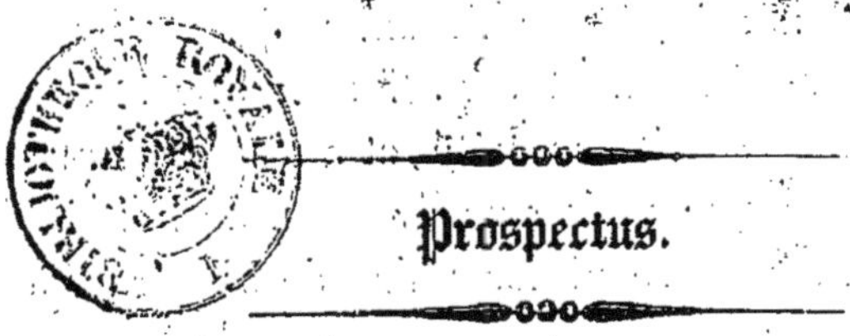

Prospectus.

Dans ce recueil périodique, divisé par ordre de ma
tières, on emploiera la dialectique pour critiquer les
ouvrages nouveaux, de quelque genre qu'ils soient. Ce
sera un dialogue entre l'auteur, à qui l'on fera reproduire exactement ses phrases susceptibles d'examen, et
entre le rédacteur, qui donnera son opinion sur les diverses propositions qui feront l'objet de la critique. C'est
de cette sorte que divers ouvrages, entre autres l'*Histoire des Croisades*, ont été analysés dans la *Bibliographie
universelle*, commencée en 1822. De cette manière, le
lecteur pourra facilement juger de l'équité de la censure
ou du mérite de l'ouvrage : il en aura l'abrégé.

Cette méthode n'est pas facile à suivre, mais elle est
plus attachante, plus instructive, et nous l'avons adop-

tée, puisque nous y sommes autorisés par l'*auteur de la Bibliographie universelle*.

Ce recueil sera rédigé par des hommes éminemment versés dans les sciences, dans les lettres, dans l'agronomie, dans l'horticulture, etc. Des membres de toutes les classes de l'Institut de France consentent à y concourir en gardant l'anonyme, et le directeur même, ne voulant être influencé par aucune espèce de considération, même dans l'examen des feuilles périodiques de tous genres, suivra cet exemple.

La *Bibliographie universelle* paraissait deux fois par mois, mais l'on a jugé que l'examen des matières ne pourrait être suffisamment approfondi; que le travail des examinateurs serait trop hâté, et nous ne donnerons que le 1ᵉʳ de chaque mois une livraison de huit à dix feuilles in-8°, caractère philosophie, de 33 lignes à la page et de 5o lettres par ligne, semblable à ce Prospectus.

Chacune de ces livraisons sera précédée *d'une préface en caractère petit-romain*; elle annoncera les ouvrages nouveaux publiés dans le mois, avec le prix de chacun, et les noms des éditeurs ou libraires chargés de la vente.

Une Table imprimée indiquera les matières contenues dans chaque livraison.

Cette *Bibliographie* formera par trimestre un volume in-8° avec une table alphabétique des objets qui y seront traités; on y ajoutera des planches, afin de faciliter l'explication des sujets relatifs aux sciences et à l'industrie, lorsque cela sera jugé indispensable. Elle comprendra conséquemment chaque année quatre volumes in-8°.

Ce sera une *Bibliothèque* portative, amusante, instructive, qui deviendra par la suite très-importante, puisqu'elle sera l'abrégé succinct de toutes les productions littéraires, scientifiques et industrielles qui auront paru. Le public a été trompé souvent par des titres pompeux; en consultant cette *Bibliographie* avant d'acquérir, il ne le sera plus.

Elle indiquera le prix des livres dans le commerce; elle fera connaître les réimpressions qui ne seront que fictives, et les moyens employés pour donner de la vogue à une production littéraire.

Chaque volume sera terminé par une notice sur les théâtres et sur les romans; il sera signé du nom de *Tollabi* pour éviter la contrefaçon.

La première livraison paraîtra le 1er juillet prochain, et rendra compte des livres nouveaux déposés à la Direction générale de la Librairie dans le mois précédent.

Les abonnemens antérieurs et postérieurs au 1er juillet dateront de cette époque.

CONDITIONS DE LA SOUSCRIPTION.

Le prix des abonnemens sera payé d'avance.

Le prix de l'abonnement est	par semestre,	par année,
Pour Paris,	17 fr.	32 fr.
Pour les départemens, franc de port,	20 fr.	38 fr.
Pour l'étranger, franc de port,	23 fr.	44 fr.

ON S'ABONNE, A PARIS,

Chez Madame veuve CHARLES-BÉCHET, libraire, quai des Augustins.

Les lettres et l'argent doivent lui être adressés francs de port.

Les réclamations seront envoyées, *franches de port*, à M. Tollabi, à la même adresse.

A LILLE,

Chez M. VANAKÈRE fils, imprimeur-libraire de S. A. R. Mg. le Dauphin, place du Théâtre, n. 10.

Et chez les principaux libraires ou maîtres de poste de la France et de l'étranger.

———

AVIS.

Les journaux littéraires et politiques, les feuilles périodiques de Paris seront reçus en échange de la Bibliographie universelle, ainsi que les feuilles périodiques étrangères sur l'industrie et sur l'agronomie.

Les auteurs et éditeurs qui enverront *deux exemplaires brochés et francs de port* à madame veuve Béchet, pour l'administration, auront l'avantage de voir paraître plus promptement l'analyse de leurs ouvrages.

Les auteurs des découvertes importantes sur l'*agronomie*, sur l'*horticulture*, sur l'industrie manufacturière, pourront adresser leurs découvertes, pourvu qu'elles soient revêtues du cachet de l'expérience, en affranchissant leurs lettres, et en y joignant une attestation authentique.

IMPRIMERIE DE H. FOURNIER
RUE DE SEINE, N. 14.

BIBLIOGRAPHIE

UNIVERSELLE,

OU

ANALYSE CRITIQUE

DE

TOUTES LES PRODUCTIONS LITTÉRAIRES

ET DES OUVRAGES NOUVEAUX

CONCERNANT LES SCIENCES ET LES ARTS, L'AGRONOMIE ET L'HORTICULTURE,

Par une Société de Savans Français et Étrangers,

DIRIGÉE PAR M. TOLLABI.

Jugez à l'œuvre, et non pas aux noms.

PREMIÈRE LIVRAISON.

Ce recueil, qui paraît le 15 de chaque mois, forme 4 vol. in-8°
par an.

Le prix de l'abonnement est	par *semestre*	par *année.*
Pour Paris...............................	17 fr.	32 fr.
Pour les Départemens, franc de port..........	20	38
Pour l'Étranger, franc de port...............	23	44

Les lettres et l'argent doivent être adressés franc de port.

On s'abonne à Paris

CHEZ A. POILLEUX, LIBRAIRE-ÉDITEUR,

Rue du Cimetière-Saint-André-des-Arts, n° 7.

1830.

Toutes les préfaces seront signées du nom de Tollabi *pour éviter la contrefaction.*

Les Journaux littéraires et politiques, *les feuilles périodiques de Paris* sont reçus en échange de la *Bibliographie universelle*, ainsi que les *feuilles périodiques étrangères sur l'industrie, sur l'agronomie et sur l'horticulture*.

Les *auteurs ou éditeurs des ouvrages nouveaux* qui enverront deux exemplaires brochés et francs de port, à M. POILLEUX, libraire, pour l'administration, auront l'avantage de voir paraître plus promptement l'analyse de leurs ouvrages.

Nous recommandons aux éditeurs de nous faire part exactement des prix de ventes.

Nous annoncerons les réimpressions des ouvrages, mais nous ne donnerons notre opinion que sur ceux dont on nous adresserait deux exemplaires.

Les auteurs des découvertes importantes sur l'*agronomie*, sur l'*horticulture*, sur l'*industrie*, qui désireront leur donner de la publicité, pourront adresser à M. TOLLABI, chez M. POILLEUX, leurs découvertes, en affranchissant leurs lettres, et en y joignant l'attestation du Maire de leur commune ou celle du Sous-Préfet.

Nota. *Cette première livraison sera la moins volumineuse, parce que nous avons voulu la répandre en grand nombre pour servir de* specimen.

Les fonds de ce Recueil sont assurés pour deux ans, au moyen d'actions de mille francs chacune. Il n'en reste plus que quelques-unes à délivrer, et payables de trois mois en trois mois.

TABLE

DES MATIÈRES CONTENUES DANS CETTE LIVRAISON.

IMPRIMERIE DE DONDEY-DUPRÉ, RUE SAINT-LOUIS, N° 46.

BIBLIOGRAPHIE

UNIVERSELLE.

Nos volumes qui ne seront pas signés du nom de *Tollabi*, seront considérés comme contrefaits.

IMPRIMERIE DE DONDEY-DUPRÉ,
Rue Saint-Louis, N° 46, au Marais.

BIBLIOGRAPHIE

UNIVERSELLE,

OU

ANALYSE CRITIQUE

DE

TOUTES LES PRODUCTIONS LITTÉRAIRES

ET DES OUVRAGES NOUVEAUX

CONCERNANT LES SCIENCES ET LES ARTS , L'AGRONOMIE ET L'HORTICULTURE ,

Par une Société de Savans Français et Étrangers,

DIRIGÉE PAR M. TOLLABI.

Jugez à l'œuvre et non pas aux noms.

TOME PREMIER.

PARIS.

CHEZ A. POILLEUX, LIBRAIRE-ÉDITEUR,

Rue du Cimetière-Saint-André-des-Arts, n° 7.

1830.

PRÉFACE.

Parmi les livres imprimés dans le mois de juin 1830, on remarque beaucoup de réimpressions, dont nous ne donnerons pas d'analyse, présumant que ces ouvrages sont déjà connus par les notes des différens journaux. On voit, dans le nombre des ouvrages nouveaux, des opuscules éphémères qui ne doivent trouver aucune place dans un recueil aussi important que le nôtre : en conséquence, nous ferons seulement l'analyse des ouvrages suivans :

Choix des plus belles fleurs ; par Redouté; ouvrage en 25 livraisons. A Paris, chez l'auteur, rue de Seine, n° 6. Prix de chacune . . . . 12 f.

Collection des Costumes, Armes et Meubles, pour servir à l'Histoire de France, depuis le commencement de la Monarchie jusqu'à nos jours; par M. le comte Horace de Viel-Castel, en 60 livraisons, d'une demi-feuille in-4° et 5 planches. Chez l'auteur, rue du Bac, n° 71, ou rue de Bourgogne. Prix pour chaque livraison. . . . . 12 f.

Atala, René, les Aventures du dernier Abencerrage; par M. le vicomte de Chateaubriant, in-18 de 8 feuilles. A Paris, chez Dentu, libraire, quai des Augustins. Prix. . . . . 3 f.

Considérations sur l'origine, sur la rédaction, sur la promulgation et sur l'exécution de la Charte; par M. Clausel de Coussergues. Un vol. in-8°. A Paris, chez Rusand. Prix. . . . . 4 f.

Considérations sur le chemin de fer ; par Cordier. Un vol. in-8° et 3 planches. A Paris, chez Carilian-Gœury. Prix...... 5 f.

Alger tel qu'il est, ou *Tableau statistique, moral et politique de cette régence ;* par Trapani. Un petit vol. in-8°, avec une gravure. A Paris, chez Fayolle. Prix................... 3 f.

Bibliothèque protypographique, ou librairie des fils du roi Jean, (Charles V, Jean de Berri, Philippe de Bourgogne et les siens). Un vol. in-4°, avec 3 planches. A Paris, chez Treuttel et Wurtz, libraires, rue de Bourbon. Prix............ 27 f.

Cours d'histoire des états Européens ; par Schœl. Cet ouvrage s'imprime. Il aura 30 vol. in-8°. A Paris, chez Gide fils.

Cours d'études anatomiques ; par Cruveilher (Anatomie descriptive). A Paris, chez Béchet jeune, place de l'École. 5 forts vol. in-8°. On ne dit pas le prix, même sur le catalogue de Béchet, parce que l'ouvrage n'est pas encore complet.

Anatomie pathologique du corps humain, avec figures coloriées.

Cet ouvrage se vend par livraison, chacune de 6 feuilles de texte et 6 planches in-fol°. Le prix est de 9 f. pour les souscripteurs, et 11 f. pour ceux qui n'auront pas souscrit à la publication de la sixième. Les quatre premières sont en vente. A Paris, chez Barrière.

Cours général de la langue française en 30 leçons ; par M. Pons. Un vol. in-8°. A Paris, chez Verdet. Prix.............. 6 f.

Cours élémentaire de fortification ; par Imbert. 4 vol. in-12. A Paris, chez Malher, passage Dauphine. Prix.......... 12 f.

Curiosités historiques de la musique ; par M. Fétis. Un vol. in-8°. A Paris, chez Janet et Cotelle. Prix.............. 7 f. 50.

Dictionnaire technologique, ou Nouveau Dictionnaire universel des Arts et Métiers, et de l'Économie industrielle et commerciale, avec des planches. A Paris, chez Thomine. Il y a déjà 17 vol. in-8°. Prix du volume........................ 7 f. 50.

   de chaque cahier de planches......... 2 f. 50.

Encyclopédie moderne, ou Dictionnaire abrégé des Sciences, des Lettres et des Arts ; par M. Courtin. 24 vol. in-8°, et 2 livraisons de planches. Prix de chaque volume............. 9 f.

Essais de littérature ; par Leroux. Cet ouvrage s'imprime.

Histoire de France, c'est-à-dire du pays qu'on nomme la France, depuis sa première occupation par les Gaulois ou Celtes, jusqu'à la révolution de 1789, avec 58 figures lithographiées, représentant les monumens, les maisons, les armes, les meubles, par progression de temps, avec deux cartes, Gaule et France ; par M. le comte Achille de Jouffroy. Un grand in-fol°. L'impression se termine, et se dépose à mesure à la direction de la librairie.

Histoire de France ; par Anquetil, continuée par Fayot. in-18. A Paris, chez Audot, quai des Augustins. Prix........ 60 c.

Histoire de Frédéric-le-Grand ; par Paganel. 2 vol. in-8°. A Paris, chez Desauge. Prix.......................... 15 f,

Histoire Universelle de l'église chrétienne ; par Matter, inspecteur de l'académie de Strasbourg. Cet ouvrage s'imprime. Il n'y a encore que 2 vol. in-8°.

Histoire chronologique de France, depuis la première convocation des notables jusqu'en 1828. A Paris, chez l'auteur, rue Mabillon, n° 12. Un vol. in-8° en 20 livraisons à..... 1 f. 50.

Histoire authentique du prisonnier d'État, connu sous le nom de *Masque de Fer*, extraite de documens trouvés aux archives étrangères du royaume, traduite de l'anglais de l'honorable George Agar Ellis, membre du parlement d'Angleterre. Un vol. in-8°. A Paris, chez Barbezat.

Histoire de François I ; par Mme Sophie de Maraise. Un vol. in-12. A Lyon, chez Rolland.

Histoire du droit Romain au moyen âge ; par M. de Savigny ; traduite de l'allemand par Guenoux. Il y aura 4 vol. in-8°. Les deux premiers volumes sont imprimés. Nous n'en rendrons compte que quand l'ouvrage sera complet. *La critique en sera faite par un grand personnage.* Prix de chaque volume.... 8 f.

Histoire scientifique et militaire de l'expédition française en Egypte. On annonce 12 vol. in-8° avec un atlas in-4°.

Il est divisé en 60 livraisons, chacune du prix, avec l'atlas, de 5 f. A Paris, quai Voltaire, n° 15, et chez Denain. *Nous ne rendrons compte de cet ouvrage que lorsqu'il sera complet.*

Histoire naturelle des mammifères, avec des figures originales cc-

loriées, et dessinées d'après les animaux vivans; par M. Geof-
froi-Saint-Hilaire, et par M. Cuvier. A Paris, chez Belin, imprimeur-libraire, rue des Mathurins-Saint-Jacques, n° 14.

Institutes du droit administratif français, ou élémens du code
administratif, réunis et mis en ordre ; par M. le baron de Gé-
rando. A Paris, chez Nève. *Nous ne rendrons compte de cet
ouvrage que lorsqu'il sera complet.*

La Flore et la Pomone françaises, ou Histoire et Figures coloriées des Fleurs et des Fruits de France ou naturalisés ; par
Jannée-Saint-Hilaire ; 41 et 42ᵉ livraisons en un seul cahier
in-8°, plus 8 planches. A Paris, chez l'auteur, rue de Furs-
temberg. Prix de chaque livraison................. 2 f. 75.

Le Grenadier de l'Ile d'Elbe. Souvenirs de 1814 et 1815 ; par
Barginet, de Grenoble. 2 vol. in-8°. A Paris, chez Mame et
Delaunay-Vallée, rue Guénégaud, n° 25. Prix........ 15 f.

Lettres à Julie sur l'entomologie ; par Mulsant. A Lyon, chez Babeuf, et à Paris, chez Treuttel et Wurtz, rue de Bourbon,
n° 17 , et chez Levavasseur. L'ouvrage aura 4 vol. in-8°. *Nous
en rendrons compte lorsqu'il sera complet.* Prix de chacun. 9 f.

On annonce que cette entomologie sera suivie d'une description méthodique de la plus grande partie des insectes de France,
ornée de planches dessinées et gravées par MM. Louvain et Du-
mesnil.

La France illustrée par ses Rois ; par Fresse-Monval. Un vol.
in-12 , avec 4 gravures. A Paris, chez Maumus. Prix. 3 f. 50.

Loisirs d'un Anachorète ; par Adolphe de Chesnel. Petit in-8°.
Prix... 3 f.

Manuel d'éducation physique, gymnastique et morale ; par le co-
lonel Amoros. 2 vol. in-18, avec un atlas in-8° de 50 planches.
A Paris, chez Roret, libraire, rue Hautefeuille. Prix. 10 f. 50.

Manuel du Bonnetier et du Fabricant de bas ; par Leblanc. in-18.
A Paris, chez Roret. Prix................................. 3 f.

Manuel complet de Médecine légale, in-18 de 14 feuilles. A Paris,
chez Crochard, rue de Sorbonne, n° 3.

Manuel d'anatomie descriptive du corps humain, représentée en
planches lithographiées ; par Jules Cloquet. A Paris, chez Bé-

chet jeune, place de l'École de Médecine. Chaque livraison est
de 2 feuilles in-4°. Prix de chacune en noir......... 3 f. 75.
coloriée.. 7 f.

Mémoire sur l'Œdème squirrhode, avec des réflexions critiques sur
l'état actuel de la médecine en France, et sur l'usage des eaux
thermales de Plombières, pour la guérison des maladies chroniques ; par Demangeon. Petit vol. in-8°. A Rouen, chez Frère.

Mémoires de Gracchus Babeuf, tribun du peuple. Cet ouvrage,
selon le prospectus, formera 4 vol. in-8°. Prix de chacun 7 f. 50.
L'ouvrage sera précédé de la conspiration de Babeuf, du
procès auquel elle a donné lieu, et des pièces justificatives ; par
Buonarotti. Cette conspiration a déjà été imprimée à Bruxelles.

Mémoires et Souvenirs d'une femme de qualité, sur le consulat et
l'empire. 4 vol. in-8°, 2 volumes ont déjà paru. A Paris, chez
Mame et Delaunay-Vallée, rue Guénégaud, n° 25. Prix. 30 f.

Mémoires présentés par divers savans à l'académie royale des
Sciences de l'institut de France. in-4°.
Ces mémoires, imprimés par ordre de l'académie, seront ana-
lysés à mesure dans ce recueil.

Musée de peinture et de sculpture ; par Duchésne aîné. 88 livraisons. A Paris, chez Audot, rue des Maçons-Sorbonne. Prix de
chaque livraison.................................. 1 f.

Musée Français, en 24 livraisons. A Paris, chez Gagliani. Prix
de chaque livraison.............................. 50 c.

Messiade (la nouvelle), poème en 16 chants ; par Édouard Alletz.
Un fort vol. in-8°. A Paris, chez Rusand et chez Delaunay.

Nouvelle Géographie de la France ; par Paulin Teulières. A Paris,
chez l'auteur, rue Fontaine-au-Roi, n° 2, et chez Brunot-
Labbe. Prix...................................... 3 f.

Œuvres poétiques du marquis de Valory. Un vol. in-8°. A Paris,
chez Pillet aîné, rue des Grands-Augustins, n° 7. Prix : 6 f.

Ornithologie française, ou Histoire naturelle des Oiseaux de
France ; par Vieilhot, avec des figures dessinées par Oudart. A
Paris, chez Merlin.
Cet ouvrage aura 70 livraisons, chacune à............ 7 f.
Avec figures coloriées........................... 9 f.

Œuvres complètes de Bernardin-de-Saint-Pierre ; augmentées de plusieurs morceaux inédits., par M. Aimé Martin. A Paris, chez Lequien fils. Prix de chaque vol. in-8°......... 2 f. 25.

Paris et Londres comparés; par Amédée de Tissot. Un petit vol. in-8°. A Paris, chez Ducollet, quai des Augustins.

Précis de Dramatique, ou de l'Art de composer et d'exécuter les pièces *de théâtre;* par Viollet-le-Duc. A Paris, au Bureau de l'Encyclopédie portative, rue du Jardinet, n° 8. Prix : 3 f. 5o.

Renseignemens statistiques sur les départemens de la France. Un vol. in-8°. A Paris, chez Arthus Bertrand, rue Hautefeuille.

Sociétés secrètes (les) *de France et d'Italie;* par Jean Witt. Un vol. in-8°. A Paris, chez Levavasseur.

Sermons et Discours inédits de M. de Boulogne, évêque de Troyes, 5 vol. in-12. A Paris, chez Leclerc, imprimeur-libraire, quai des Augustins. Prix.............................. 12 f.

Traité élémentaire de Géographie; par Malte-Brun et ses collaborateurs. Grand in-4° avec des cartes coloriées. A Paris, chez Aimé André, quai Malaquais. Il y aura 2 vol. Prix des deux vol................. .... 25 f.

Cet ouvrage ne sera complet que dans le mois d'octobre. Nous ne l'analyserons qu'à cette époque, c'est-à-dire dans le second vol. de notre Bibliographie.

Traité du droit d'alluvion; par Chardon. Un vol. in-8° avec 15 planches. A Paris, chez Tourneux. Prix.............. 8 f.

Traite des Blancs, ou le cri du désespoir d'un détenu pour dettes contre la contrainte par corps; par Brunel, ancien avocat-avoué. Petit in-8°. A Paris, chez Astier, rue Saint-Louis, n° 47.

Traité de Chimie; par Berzélius, traduit par Jourdan sur des manuscrits inédits de l'auteur, et sur la dernière édition allemande. A Paris, chez Ballière.

Traité des Arbres fruitiers; par Duhamel du Monceau. A Paris, chez Levrault. 61 livraisons, chacune à.............. 30 f.

Voyage pittoresque et romantique dans l'ancienne France; par MM. Nodier, Taylor et de Cailleux. A Paris, chez Gide fils. Prix de la livraison .... 15 f. 5o.

Voyage autour du Monde; par Duperrey. In-4° et 6 planches co-

loriées. Grand in-folio. A Paris, chez Arthus Bertrand. Prix
de chaque livraison............................ 12 f.

Voyage de Humboldt et Bonpland; par livraison de 5 feuilles in-
folio avec 5 planches. A Paris, chez Gide fils. Chaque livraison
coûte.. 48 f.

Voyage dans la régence d'Alger ; par le docteur Shaw. Traduit de
l'anglais , avec des notes et une grande augmentation, par
Maccarthy. Un vol. in-8°. A Paris, rue de Savoie, n° 11.

Voyage pittoresque et militaire en Espagne; par Langlois. 10 livraisons, chacune à............................... 9 f.

*Vues pittoresques des principaux châteaux des environs de Paris et
des départemens,* accompagnées d'un texte ; par Blancheton.
3o livraisons. A Paris, chez l'auteur, rue de Lulli , n° 1. Prix
de chacune.................................... 15 f.

Vues pittoresques des vieux châteaux de l'Allemagne, le grand-
duché de Bade. A Paris, chez Levrault. Cet ouvrage se vend
par livraisons.

RÉIMPRESSIONS.

Arithmétique de Bezout. Un petit vol. in-8°. A Paris, chez Du-
four. Prix...................................... 1 f. 8o.

Bibliothèque générale des Voyages les plus intéressans, depuis 14oo
jusqu'à nos jours. Cent vol.* in-18. A Paris, chez Audin. Prix
de chacun .... 6o c.

Bibliothèque (nouvelle) *des Voyages les plus intéressans.* Il y aura
2oo vol. in-18. A Paris, chez Lecointe, quai des Augustins,
n° 49. Prix de chacun.......................... 75 c.

Cours complet et simplifié d'agriculture et d'économie rurale et
domestique; par Dubois. A Paris, chez Raynal. 8 vol. in-12.
Prix... 24 f.

Dictionnaire historique universel, contenant la chronologie de tous
les peuples depuis l'antiquité la plus reculée jusqu'à nos jours;
par Arnout Robert. A Paris, chez l'auteur, rue Gaillon , n° 6.

Discours sur l'Histoire universelle, depuis le commencement du monde jusqu'à Charlemagne ; par Bossuet. 2 vol. in–18. A Paris, chez Lecointe, quai des Augustins. Prix........ 1 f. 20.

Encyclopédie domestique, recueil des procédés concernant les arts et métiers, l'économie rurale et domestique ; par M..., pharmacien. 4 vol. in-8°. A Paris, chez Samson, rue Christine, n° 6.

Fables de Fénélon. Un volume in–18. A Paris, chez Dentu. Prix.. 1 f. 80.

Flore médicinale. A Paris, chez Panckoucke. Elle-aura 90 livraisons, chacune de............................... 2 f. 50.

Génie du Christianisme ; par M. le vicomte de Châteaubriant. 4 vol. in-18. A Paris, chez Dentu. Prix.............. 12 f.

Géographie de l'abbé Gaultier. Un vol. in-18. A Paris, chez Jules Renouard, rue de Tournon, n° 6. Prix........... 1 f. 50.

Grammaire pratique de langue allemande ; par Mervinger

Harmonies poétiques et religieuses ; par M. de Lamartine. 2 vol. in-8°. A Paris, chez Gosselin, rue Saint–Germain-des-Prés, n° 9. Prix.................................. 16 f.

Histoire de France pendant le 18e siècle ; par Ch. Lacretelle. 5e édition, 6 vol. in-8°. A Paris, chez Delaunay. Prix... 30 f.

Histoire de Pologne avant et sous le roi Jean Sobieski ; par N. A. de Salvandy. A Paris, chez Sautelet et compagnie.

Histoire ancienne de Rollin. A Paris, chez Raynal, rue Pavée-Saint-André.

Histoire d'Angleterre ; par David Hume, continuée par Goldsmith et W. Jones. A Paris, chez Audin et Hocquart jeune. In-18. Chaque volume .... 60 c.

Histoire de Manon Lescaut ; par l'abbé Prevost. In-18. A Paris, rue Saint-Jacques, n° 156. Prix................... 9 f.

Itinéraire de Paris à Jérusalem ; par M. de Châteaubriant. 3 vol. in–18. A Paris, chez Dentu. Prix................. 9 f.

Instruction criminelle ; par Carnot. 3 vol. in-4°. A Paris, chez Nève.

Iliade. Traduction nouvelle en vers français ; par Bignan. 2 vol. in-8°. A Paris, chez Belin-Mandar.

L'Art de s'enrichir par l'agriculture, d'après la pratique des fermes-modèles , soit en France, soit à l'étranger, et les expériences de MM. Chaptal, Vauquelin , Humphrey Davy, Thomson, Sinclair et Mathieu de Dombasle ; par Despommiers. 4ᵉ édition. A Paris, rue de La Harpe , n° 11 ; de l'imprimerie de Dezairs, à Blois.

Les exemples célèbres ; par Lemaire. Un vol. in-12 avec 6 grav. A Paris, chez Dentu, quai des Augustins, n° 31. Prix... 3 f.

Lettres à Émilie sur la Mythologie ; par Demoustier. 2 vol. in-18. A Paris, rue Saint-Jacques, n° 156. Prix......... 1 f. 30.

Maître italien, ou nouvelle Grammaire·française et italienne de Véroni, mise en méthode pratique par M. Fauri. A Lyon ; chez Savy.

Mémoires secrets de Bachaumont, de 1762 à 1787 ; augmentés par Ravenel. 10 vol. in-8°. A Paris, chez Mame et Delaunay-Vallée. Prix.............................. 70 c.

Martyrs (les) ; par M. le vicomte de Châteaubriant. 3 vol. in-18. A Paris, chez Dentu. Prix......................... 9 f.

Mémorial de Sainte-Hélène ; par le comte de Las-Cases. On ignore le nombre de vol. A Paris , chez Barbezat. In-18. Prix : 75 c.

Nouvel Itinéraire portatif d'Italie ; par Perrot. 2ᵉ édit. Un vol. in-18 avec une carte et cinq panoramas. A Paris, rue de Savoie, n° 6. Prix........................... 5 f.

Œuvres complètes de P. Corneille. Cette édition aura 12 vol. in-8°. Quatre sont déjà imprimés. A Paris, chez Le Doyen, rue de l'Arbre-Sec , n° 9. Prix....................... 2 f. 25.

Œuvres complètes de Molière, en 22 livraisons de 2 feuilles in-18. A Paris, chez Boulland. Prix de chacune............. 1 f.

Œuvres complètes de Massillon. 14 vol. in-8°. A Paris , chez Poilleux, rue du Cimetière-St-André, n° 7. Prix de chacun : 3 f. 75. Huit volumes sont imprimés. Les autres paraîtront successivement de mois en mois. La typographie est bien soignée.

Œuvres complètes de Domat. 4 vol. in-8°. On remarque au commencement du premier la vie de l'auteur, par Remi. A Paris, chez Mᵐᵉ veuve Charles Béchet, quai des Augustins. Prix : 32 f.

Œuvres complètes de Buffon, continuées par Lacépède, ornées de figures d'après les dessins de Prêtre. A Paris, chez Lecointe. Il y aura 80 vol. in-18. Prix de chacun............ 60 c.
Avec un cahier de planches...................... 90 c.

Œuvres complètes de Buffon, augmentées par M. le baron Cuvier. A Paris, chez Dupont. Il y aura 50 vol. in-18. Prix de chacun................... .... 65 c.
Le cahier de planches en noir..................... 35 c.
Coloriées .... 60 c.

Œuvres complètes de Bourdaloue. A Paris, chez Poilleux, libraire, rue du Cimetière-Saint-André, n° 7. Il y aura 16 vol. in-8° qui paraîtront successivement par mois. Prix de chacun : 7 f. 50. 8 volumes sont imprimés. L'édition est très-soignée.

Œuvres complètes de Voltaire, en 75 vol. in-8°. A Paris, rue du Cadran, n° 9. Par souscription, payable en partie d'avance. Prix .... 250 f.

Principes raisonnés d'Agriculture; par Thaer. Traduits de l'allemand par le baron..... 4 vol. in-8° et quatre livraisons d'atlas in-4°. Prix de chaque cahier de texte............. 4 f. 50.
De l'atlas.................................... 3 f.

Précis de l'Histoire romaine; par Durozoir. Petit in-8°. A Paris, chez Colas, rue Dauphine.

Palais et Édifices modernes, dessinés à Rome et publiés par Ch. Percier et Lafontaine. In-fol. de 12 feuilles. A Paris, chez les auteurs, au Louvre.

Recueil alphabétique des Questions de droit; par Merlin. 8 vol. in-4°. A Paris, rue de Valois-Batave, n° 6. Prix de chacun..................................... 18 f.

Traité élémentaire de matière médicale; par Barbier. 3 vol. in-8°. A Paris, chez Méquignon-Marvis. Prix............... 26 f.

Théorie des nombres; par Legendre. 2 vol. in-4°. A Paris, chez Firmin Didot, rue Jacob, n° 24. Prix.............. 36 f.

Victoires, conquêtes, revers, guerres civiles des Français. A Paris, chez Panckoucke, rue des Poitevins, n° 14. On dit qu'il

y aura 42 vol. in-8°. On les publie par livraison de 7 feuilles avec des planches. Prix de chacune.................. 2 f.
Voyage du jeune Anacharsis en Grèce; par Barthélemy. 5 vol. in-8° avec l'atlas. A Paris, chez Ledoux, rue Guénégaud. Prix..............,.............................. 22 f. 50.
Dans la première livraison nous rendrons compte des ouvrages étrangers.

BIBLIOGRAPHIE

UNIVERSELLE.

MORALE.

—

Sᴇʀᴍᴏɴs ᴇᴛ Dɪsᴄᴏᴜʀs ɪɴᴇ́ᴅɪᴛs de M. *de Boulogne*, évêque de Troyes.
5 volumes in-12. Prix : 12 fr. Chez Leclère, Imprimeur-Libraire, quai
des Augustins, à Paris.

M. l'abbé de Boulogne, évêque de Troyes, fut un des
orateurs les plus célèbres de notre siècle. Ses sermons, ses
discours sont en général des chefs-d'œuvre d'éloquence.

Le recueil dont nous devons entretenir nos lecteurs se
compöse de cinq volumes in-12.

Dans le premier se trouve une *notice historique* sur M. de
Boulogne, un discours sur *la décadence de l'éloquence en
France* et en particulier de l'éloquence de la chaire, un
sermon sur la foi et un autre sur le jugement dernier.

La notice est appuyée de pièces justificatives. Son nom
était Boulogne. Il ne signa *de Boulogne* que quand il fut
anobli par l'épiscopat. Il était né de parens peu fortunés,
dans la ville d'Avignon, en 1747, et il ne commença ses
études qu'à l'âge de quinze ans. Son ardeur fut telle qu'il
les acheva en un an. Il entra ensuite au séminaire de Saint-
Charles d'Avignon, y fit deux ans de philosophie et trois
années de théologie. Il en sortit après avoir reçu le sous-dia-
conat. Dès ce moment son goût pour l'art oratoire lui fit composer des discours que M. Manzi, archevêque d'Avignon,
trouva si bien faits qu'il l'engagea de suivre son attrait.

En 1773, l'Académie de Montauban proposa pour prix d'éloquence un discours sur le sujet suivant :

« Il n'y a pas de meilleur garant de la probité que la re-
» ligion. »

L'abbé de Boulogne, sans s'y attendre, remporta le prix. On n'a pas trouvé dans ses papiers ce discours, qui commença la réputation de ce jeune homme.

Peu après qu'il fut promu au sacerdoce, l'abbé Poule et le père de Ligny, jésuite, l'envoyèrent à Paris avec des lettres de recommandation. Le jeune abbé s'empressa d'entendre les prédicateurs qui brillaient le plus dans la capitale. En 1777, il prêcha devant les dames de France, tantes de Louis XVI.

M. de Beaumont, archevêque de Paris, lui interdit la prédication en 1778, et le jeune prêtre se trouva dans une position très-désagréable.

Une société de gens de lettres avait proposé vainement un prix de 1,200 fr. pour l'éloge du Dauphin mort en 1765. L'année suivante, le prix fut porté à 2,400 fr., et il fut adjugé au discours de l'abbé de Boulogne. Cette somme non-seulement le sortit de l'état précaire où il se trouvait ; il fut recherché et fêté.

En 1782, M. de Juigné, successeur de M. de Beaumont, leva l'interdit que ce dernier avait jeté sur l'abbé de Boulogne, et le jeune ecclésiastique suivit sa carrière. Il devint grand-vicaire de M. de Clermont-Tonnerre, qui avait remplacé M. de Juigné à Châlons ; mais le prélat consentit à ce qu'il partageât ses instans entre Châlons et Paris.

En 1782, l'abbé de Boulogne prononça dans l'église de l'Oratoire, à Paris, le panégyrique de Saint-Louis avec tant de succès, que le cardinal de Rohan le chargea de prêcher, en 1783, la Cène devant le roi. Ses brillans succès lui valurent une pension de 2,000 fr., et il fut retenu pour précher le Carême devant le roi en 1787. Tel fut le commencement de la fortune de M. de Boulogne, fortune qu'il dut à son propre mérite, à son beau talent. Tel est à peu près le contenu de cette première partie de la notice.

La seconde comprend la vie de M. de Boulogne depuis la révolution jusqu'au moment où il fut élevé à l'épiscopat, et la troisième partie conduit depuis son élévation jusqu'à la restauration.

La quatrième partie retrace la vie de ce prélat depuis la restauration jusqu'à la mort de M. de Boulogne.

On trouve dans cette notice des choses curieuses, qui font connaître les mœurs des Français pendant l'orage révolutionnaire. Cette notice ne fournit aucune matière à la critique. Elle est suivie du discours sur la décadence de l'éloquence. Il n'a pas été publié; l'illustre prélat y travaillait encore dans les derniers tems de son existence.

Le discours sur *la décadence de l'éloquence en France,* et en particulier de l'éloquence de la chaire, est divisé en deux parties.

Dans la première, l'auteur démontre avec beaucoup de sagacité que les talens et l'art d'écrire sont soumis nécessairement au caractère national, à l'esprit dominant du siècle, à l'influence des doctrines et des mœurs régnantes. Voyons comment il prouve ceci.

L'AUTEUR.

La perfection de la littérature a toujours suivi la perfection de l'ordre social. Quand celui-ci déchoit et dégénère, l'autre également se dégrade et se détériore; partout où le luxe corrompt les mœurs, les mœurs aussi corrompent les discours, et la même cause qui avilit les sentimens affaiblit aussi le langage. Quand la religion est attaquée, le génie est attaqué lui-même dans sa source et dans son principe. Par-

tout où elle a été méprisée, les peuples en ont été punis par
la barbarie. L'art de bien écrire tient radicalement à l'art de
bien penser, et partout où il n'y a plus de bases sûres dans
les croyances et dans les opinions, il n'y en a plus dans le
style et dans le langage. Plus un siècle penche vers la philosophie, vers l'esprit raisonneur et l'amour des systèmes, plus
le génie baisse et plus le talent s'appauvrit. Ainsi avec les
beaux jours de leur gloire et de leurs vertus, Athènes et
Rome perdirent leurs grands poètes et leurs grands orateurs. L'esprit raisonneur enfanta les sophistes, et après les
sophistes suivirent les rhéteurs et les déclamateurs. Ainsi
l'a voulu la nature, ou plutôt la Providence; et rien sans
doute n'est plus digne d'elle que de mettre une telle harmonie et une telle connexion entre les lumières de l'esprit
et les affections de l'âme, que celles-ci ne puissent se déré-
gler sans que les autres ne pâlissent et ne finissent par
s'obscurcir : c'est ainsi qu'elle punit la corruption et l'impiété d'un siècle par la perte des lettres, et la mort des vertus par celle des talens..... Qu'est devenu, entre nos mains,
cet héritage magnifique que nous a légué le grand siècle, et
quel fruit en avons-nous retiré? quel vent brûlant a dessé-
ché le sol de notre littérature et l'a frappé de stérilité? et à
quoi donc attribuer cette honteuse médiocrité à laquelle
notre siècle, tout superbe qu'il est, se trouve condamné?
Ce ne sont plus les lumières qui lui manquent; car, s'il faut
en croire ses *vanteries*, jamais notre horizon n'a été plus
resplendissant de clartés. Ce n'est point son asservissement
aux préjugés vulgaires qui paralyse ses efforts et l'arrête
dans ses élans; jamais il ne s'en est plus affranchi, et il n'a
plus secoué ses chaînes.

Vous avez voulu dire : Jamais il n'a plus secoué ce qu'il

appelait ses chaînes. Ceci vous est échappé; nous ne relevons cette omission que pour donner plus de clarté à votre idée, qui est bien juste.

L'AUTEUR.

Ce n'est pas défaut d'indépendance et de liberté dans les opinions; jamais les écrivains n'ont éprouvé moins d'entraves, et jamais il ne leur a été permis de s'émanciper davantage: ce n'est pas faute de grands objets à discuter ; il ne s'agit plus maintenant des intérêts d'une ville ou d'un royaume, mais de ceux de tout le genre humain : ce n'est pas faute d'émulation et de récompenses; jamais les talens n'ont reçu plus d'encouragemens, et jamais la fortune ne s'est plu à élever au haut de sa roue plus d'esprits médiocres et de talens communs.

Toutes nos poétiques nous apprennent que l'éloquence ne prend sa source que dans les passions fortes ; et quand en avons-nous montré de plus violentes et de plus exaltées ? Elles nous apprennent encore qu'il faut à l'esprit humain des agitations et des secousses, et qu'il y a dans les tempêtes et les nuages politiques je ne sais quel feu électrique propre à échauffer le talent, à vivifier le génie, à donner du ressort aux âmes. Mais si ce principe est vrai, a-t-il jamais pu prendre un vol plus haut, et a-t-il eu jamais plus de moyens de s'élancer dans la carrière du sublime? Ce ne sont donc ni les occasions, ni les événemens, ni les vives lumières, ni les violentes commotions qui ont manqué à l'éloquence : et pourquoi donc l'éloquence nous manque-t-elle ? et d'où vient qu'à mesure que le siècle s'agite le plus, les talens sommeillent davantage? est-ce sa faute ou son malheur? et à qui faut-il s'en prendre? aux hommes ou aux choses? aux doctrines ou aux circonstances? à nos mœurs ou à nos principes? Aurions-nous acquis le droit de penser, au détriment du talent d'écrire, ou plutôt le talent d'écrire et de parler dégénère-t-il parmi nous, parce que nous avons abusé de la faculté de penser? et ne peut-on pas dire qu'il n'y a plus de règles dans les ouvrages, parce qu'il n'y en a plus dans les principes ?

Pourquoi le demander, tandis que les faits parlent si haut, et que tout nous indique la déplorable généalogie de nos erreurs comme de nos misères? La philosophie a corrompu les maximes, les maximes ont corrompu les mœurs, les mœurs ont corrompu le discours. Voilà la triste gradation par laquelle nous avons passé, et qui nous conduit à cette *fausse position littéraire, politique et morale*, où nous sommes aujourd'hui placés : de sorte qu'à travers cette triste anarchie, et ces déviations de tout genre, et cette confusion de toutes les idées, et ce déplacement de toutes les bornes, lancés dans ce chaos de règles sans application et dans ce labyrinthe de routes sans issue, tous les esprits vont au hasard, incertains de leur but comme de leurs moyens, et les talens eux-mêmes ne peuvent plus se retrouver et ne savent plus se reconnaître.....

La langue révolutionnaire, cette langue monstrueuse, digne du chaos qu'elle nous prépare, n'est autre chose que l'art d'outrer toutes les idées pour faire tourner toutes les têtes, de fausser le jugement pour mieux parvenir à corrompre le cœur, et de faire de la grammaire une méthode d'imposture, où le bien est nommé un mal et le mal un bien..... Le tocsin de la liberté a sonné ; mais quel en a été le résultat? Les troubles n'ont produit que des troubles, les ruines que des ruines, les orages que des tempêtes, et l'on n'a vu se réveiller d'autre génie que celui de la destruction. Les événemens ont été grands et les hommes petits ; les ambitions ont été turbulentes et les caractères serviles.

LE CRITIQUE.

Nous avouerons que du tems de la république on n'a rien
fait de bien ; mais depuis sa ruine, et principalement depuis
la restauration, jamais on ne s'est plus adonné aux lettres ,
toutes les classes de la société s'en occupent : jamais les lumières n'ont été plus répandues.

L'AUTEUR.

Les belles et grandes pensées n'entrent point dans les
cœurs pervers; et il est arrêté par la nature qu'une ame
basse ne rencontrera jamais le sublime. Ainsi notre éloquence
politique ne sera guère plus abondante ni plus fertile en
fruits heureux que notre éloquence académique ; et si le
champ où celle-ci s'est exercée n'a été qu'une terre ingrate
et un triste désert où le poète et l'orateur n'ont cueilli que
des ronces et des épines, le domaine de celle-là ne leur offre
pas une moisson plus riche à recueillir, par la nature même
des objets qu'elle embrasse, et des matières qu'elle se plaît
à discuter.....

Vous faites des ouvrages qui passeront comme ces feuilles
légères que le vent emporte ; et vos productions avortées ,
sans honneur pour vous comme sans profit pour les autres,
périront à la fois et pour les lettres et pour la France , et
pour la nation et pour la postérité.

Ainsi s'est accompli, au milieu de nous, cet oracle d'un
prophète : Je confondrai l'orgueil de la fausse sagesse ; tu ne
travailles que pour la gloire, je te défendrai de rien faire de
grand et de glorieux.....

LE CRITIQUE.

Avouez cependant que nous avons fait de grands progrès
dans les sciences.

L'AUTEUR.

J'avoue qu'on peut faire des découvertes en chimie, en astronomie et en géométrie ; mais l'on n'en fait point dans l'éloquence, dont tous les secrets sont connus, et il n'y en a point d'autres que d'étudier nos grands maîtres, dont tout l'art est de cacher celui qu'ils emploient, et de suivre en tout la belle nature..... Tous les arrêts de la raison ont disparu devant ceux des nouveaux maîtres de la littérature, et les écrivains à leurs ordres n'hésitent pas à croire que l'on pouvait mieux faire encore que la nature, le propre du génie étant d'inventer et non d'imiter. Ils se persuadèrent, à force de penser, que si le cœur ne change point, et s'il est toujours mu par les mêmes passions, ils pouvaient aller à lui par de nouveaux chemins ; que ce n'était point au siècle des lumières à recevoir la loi, mais à la faire. Ils firent donc la loi : de nouvelles poétiques parurent, et la même révolution qui se faisait dans les idées se fit aussi dans la manière de les rendre. L'amour des innovations et la manie des réformes produisirent le néologisme, genre de locution que les bons écrivains dédaignèrent toujours. Les mots changèrent de signification et furent en perpétuelle dissonance avec les choses. Avec l'esprit analytique et raisonneur se perdit l'art d'intéresser par les grâces, ou de toucher le cœur par le sentiment. La fausse profondeur prit la place de la netteté et de ce naturel qui est la première qualité du style..... On prit le boursouflé pour le sublime, le bizarre pour l'original. Alors s'accréditèrent à la fois et le ton dogmatique, et la morgue doctrinale, et le langage sententieux, et les déclamations hyperboliques, et les locutions ambitieuses, pour chercher avant tout, non le sens, mais l'effet ; et ces grands mots pour peindre de petites choses, et ce dégoût pour tout ce qui est simple, signe le plus certain de la décadence du goût, et ce mépris du sens commun, preuve la plus incontestable de l'appauvrissement de l'esprit.

La même anarchie qui régnait dans l'état s'est introduite dans la littérature, qui, à son tour, a voulu être rebelle comme la politique, et s'affranchir de tout joug comme les passions de tout frein. On a voulu faire de nouvelles poétiques comme de nouvelles constitutions : avec la rudesse des tons et des manières a disparu l'urbanité des discours, et tous les genres ont été confondus ainsi que tous les rangs. L'éloquence, prenant ses écarts pour ses élans, et ses excès pour ses triomphes, s'est crue énergique et fière parce qu'elle était âpre et sauvage ; et les talens, participant de la destruction générale, se sont montrés d'autant plus faibles et plus rampans, qu'ils ont eu plus d'occasions de se développer, plus de liberté pour se signaler, plus de facilité pour se produire.

Qu'est-il sorti de toutes ces assemblées délibérantes, et du milieu des plus fortes commotions qui aient jamais agité les esprits? Que nous reste-t-il de tant de discussions fougueuses, qui soit digne d'être cité? Quels traits d'éloquence et quels mouvemens oratoires méritent d'être transmis à la postérité? et parmi tous ces harangueurs plébicoles, quel est celui dont les discours et les écrits puissent véritablement honorer la nation dont ils avaient l'audace de se dire les interprètes? On vit tout au plus quelques talens qui se faisaient craindre ; on n'en vit aucun qui se fît admirer.....

Aujourd'hui même, que voyons-nous? qu'entendons-nous dans nos tribunes? quels grands talens ont percé à travers ce choc de tant d'opinions, ce conflit de tant d'intérêts, et cette opposition de tant de partis? Il en est sans doute encore quelques-uns qui brillent avec éclat ; mais où se trouvent-ils? est-ce parmi les orateurs formés à la nouvelle école, et dans les rangs de nos sophistes libéraux, non

moins fertiles en théories creuses qu'en paradoxes in-
sensés?.....

Une des principales causes de la décadence de l'art d'é-
crire parmi nous, c'est ce débordement de la langue mathé-
matique, et cet engouement des sciences abstraites, sciences
qui, pour être appelées *exactes,* n'ajoutent pas plus à
l'exactitude du jugement qu'à celle des principes, et sont
heureusement aussi inutiles pour bien raisonner que pour
se bien conduire. Nous sommes loin de contester les avantages qu'elles offrent sous bien des rapports; mais nous n'en
blâmerons pas moins le prix exagéré qu'on leur donne, et
le culte presque exclusif qu'on leur accorde. Nous dirons
toujours que cet esprit géométrique qui ne prétend céder
qu'aux rigoureuses démonstrations, et qui veut soumettre
au creuset de l'analyse les vérités morales, est l'esprit le
plus opposé au talent de l'éloquence, et que la langue des
calculs n'a rien de commun avec la langue de l'ame. Nous
ne cesserons de nous élever contre ce fanatisme pédantes-
que, qui, dans la folle importance qu'il se donne, prétend
organiser les discours comme les constitutions, les poèmes
comme les empires. Appliqué à la science des gouverne-
mens, il ne peut produire que la fermentation et l'anarchie;
appliqué à l'art d'écrire et de parler, il ne peut produire
que la roideur et la sécheresse; et par une singularité bien
digne d'être remarquée, tandis qu'il porte dans la politique
le génie de l'exaltation et de l'effervescence, il éteint dans
la littérature le feu du sentiment et de l'enthousiasme. Et
que peuvent attendre les orateurs de ces théories alambi-
quées, qui, toutes concentrées dans des nombres, des lignes
et des points, nous font bien plus connaitre les surfaces des
choses que leurs propriétés essentielles et leurs rapports in-
trinsèques, et qui, aussi mortes pour l'imagination que
pour la vertu, dessèchent toutes les sources de la sensibilité,

sans laquelle les arts, frappés de langueur, restent sans vie et le génie sans essor? Aussi Newton lui-même voulait-il qu'on cherchât Dieu par le sentiment, premier juge en toutes choses; et non par le calcul, qui se trouve si souvent en défaut..... « Quand l'esprit d'un géomètre, a dit Pascal, » sort d'un angle, c'est presque toujours un angle obtus. »

Heureux si ces admirateurs exclusifs de la géométrie n'eussent fait que conjurer contre le bon goût, et bouleverser les règles du langage! mais il fallait encore bouleverser les états et conjurer contre les rois. Peu contens d'anatomiser la grammaire, ils voulurent aussi anatomiser la politique, et de métaphysiciens ils se firent chefs de parti. Comme s'ils eussent été ennuyés que la France durât depuis quinze siècles, et restât plus long-tems debout que l'empire romain, ils voulurent lui donner la date de leurs systèmes, et pensèrent qu'elle serait plus affermie lorsque ses fondemens antiques seraient à découvert et mis à nu par l'analyse et le calcul. Alors naquirent ces fanatiques exagérateurs des abus, dont ils vivaient eux-mêmes et plus que tous les autres; ces précepteurs du genre humain destinés à renouveler la face du monde, et à remettre au premier faiseur de systèmes les destins des générations; ces tâteurs des états, qui trouvaient plus facile et plus beau de définir les hommes que de les contenir, de les affranchir de leurs préjugés que de leurs vices, et de les soulever contre l'autorité que de leur donner le bonheur par la paix et la paix par l'obéissance. Alors se forma une nouvelle école d'écrivains, où le grand art était d'unir à l'ardeur des sectaires l'hypocrisie des conjurés, au ton chagrin des réformateurs l'insolence des mécontens, et au faux enthousiasme des illuminés le jeu des empiriques. Alors tous les adeptes de la philosophie furent forcés, par le plan même qu'ils se faisaient, de donner à tout des noms empruntés pour travestir toutes leurs idées; de prendre des tours pénibles et embarrassés, pour déguiser leur marche et voiler leurs desseins, pour faire entendre ce qu'ils n'osaient encore publier et laisser deviner ce qu'ils craignaient encore d'avouer sans détour. Avec les supercheries des oracles, ils en eurent les ténèbres et les mystères.

Ainsi commence à s'établir entre les mots et les choses une telle discordance, que bientôt nous n'entendrons plus nos grands écrivains, que nous perdrons la clef de leur langue, et que, dans moins d'un demi-siècle, nous aurons besoin de commentaires pour les expliquer et les comprendre.

LE CRITIQUE.

Vous allez trop loin. Non, on ne perdra pas la clef de la langue de nos écrivains; mais nous conviendrons avec vous que chacun, voulant paraître savant, emploie dans les choses les plus ordinaires, des mots scientifiques empruntés du grec; mots qui devraient être réservés pour les ouvrages de médecine et d'arts. Ne croyez pas que nous appréciions ces écrivains éphémères; nous savons en faire justice.

L'AUTEUR.

Tout se tient dans l'ordre moral comme dans l'ordre physique; le despotisme littéraire préludait au despotisme national, la souveraineté de l'homme à la souveraineté du peuple, l'arbre encyclopédique à l'arbre de la liberté, les *prêtres de la pensée* aux *déesses de la raison*, le *bonheur public* au *bonheur commun*, les *amis des hommes* aux *frères et amis*, les amis des noirs aux bourreaux des blancs, la langue des nouveaux penseurs à la confusion des langues, et enfin la république des lettres à cette belle république que nous avons vue. . . . .
. . . .

Ainsi, est-il vrai de dire que l'esprit humain, à le prendre ici sous le seul rapport littéraire, n'a fait aucun progrès, n'a pris aucun essor sous l'influence de la révolution française, et qu'on n'a pas plus gagné pour les lumières que pour les vertus ; à moins que l'on n'appelle *progrès* la triste gloire de rompre avec le passé pour mieux corrompre le présent ; à moins que l'on n'appelle essor cette audace insensée de hâter, par d'affreux bouleversemens, ce que le tems tout seul, dans sa course rapide, n'avait pu accomplir ; et de voler par-dessus tous les siècles pour tout renverser dans un jour, avec l'absurde prétention de tout refaire dans un autre.

Ainsi, grâce à la providence, l'éloquence et les talens sont toujours du côté de la droiture, de la morale, de la justice et de la vérité ; les belles et grandes pensées n'entrent point dans les cœurs pervers, et il est arrêté par la nature qu'une ame basse ne rencontrera jamais le sublime.

LE CRITIQUE.

Nous sommes de votre avis sur ce dernier paradoxe. Au lieu d'aimer le beau et le bon, on ne lit plus que des romans et des journaux.

L'AUTEUR.

Les utopies politiques ont dû produire nécessairement les utopies littéraires : à force de courir après des illusions, et de rêver le beau idéal, on n'a dû rencontrer que le beau chimérique ; et, comme on ne faisait plus de la société qu'un roman qui n'a existé nulle part, on ne devait plus faire de la littérature qu'un roman qui n'a existé dans aucun tems. Aussi, c'est à la suite de la révolution que nous est arrivé le genre de folie qu'on appelle le *genre romantique*, lequel n'a pu que dépraver le goût en corrompant les règles, et devenir ainsi une des causes de notre décadence littéraire. Les romantiques ne veulent plus rien de classique, ou ne veulent de classique que ce qui n'a jusqu'ici appartenu à aucune classe de littérateurs ; et, ne rougissant pas de faire divorce avec les anciens, comme les faiseurs de révolution renient leurs ancêtres, ils se font une gloire de leur nouveauté, et un titre de leur inexpérience. Faux esprits, qui croient créer parce qu'ils inventent, ou inventer parce qu'ils suivent une route inconnue avant eux : oubliant ainsi que les lettres, comme les nations, ont à conserver leurs traditions héréditaires, et que, dans ces traditions vénérées, les unes et les autres ne peuvent que s'abâtardir. Aussi le genre romantique n'est-il qu'un genre bâtard, qui n'offense pas moins le bon sens que le bon goût. Le grand siècle ne le connut jamais ; il l'eût repoussé avec dédain : on n'en trouve aucune trace dans ses écrivains, et il ne pouvait naître que dans un siècle de fantasmagorie, où il n'y a plus rien de fixe et de certain dans les croyances littéraires comme dans les croyances religieuses, qui aventure tout dans les arts comme dans les lois, et ne fait plus guère qu'un problème de la poétique, comme de la morale.

LE CRITIQUE.

C'est très-vrai : le genre romantique corrompt le goût et les mœurs. Sans le goût et les mœurs, il n'y a plus d'éloquence. Dans les ouvrages de ce siècle, nous remarquons quelquefois un style fleuri ; mais nous ne voyons plus un style nerveux et fort de choses.

L'AUTEUR.

La force de l'esprit, comme celle du corps, vient de la force du cœur ; les hommes immoraux ont rarement une élévation soutenue, tandis que plus un écrivain est vertueux, plus il doit être éloquent. Où il n'y a point de vertus, il n'y a point de passions, à proprement parler ; il n'y a que des appétits grossiers. Le vice ne fait pas les cœurs tendres ; mais les ames amollies, qui n'enfantent rien que de petit, d'énervé et de faible comme elles. Celui auquel la laideur du vice ne déplaît pas ne peindra jamais bien les charmes de la vertu, et de même qu'il est des vertus que le vice ne saurait imiter, il est des expressions que la vertu seule peut trouver, et qu'elle seule peut rendre..... Tout ce qui flétrit le cœur rétrécit le génie. Vous avez des mœurs frivoles; vous n'aurez qu'un jargon maniéré et un style léger, où le bon sens sera sacrifié à de vaines saillies. Vous avez des mœurs efféminées; vous n'aurez qu'une éloquence molle et superficielle, sans vigueur et sans nerf, et, pour nous servir d'une expression de Quintilien, *sans reins*. Vous avez des mœurs viles et rampantes; vous n'aurez qu'une éloquence ignoble, et à la débauche des mœurs succédera la débauche de l'esprit. Vous êtes possédé du démon de l'impiété et de l'irréligion, la haine vous égarera, la prévention vous aveuglera, vos sarcasmes vous tiendront lieu de preuves et de raisonnemens, l'acrimonie sera votre sel; et votre style, se ressentant de vos passions, sera dur, emporté et virulent comme elles..... L'égoïsme moral, qui rapporte tout à soi, doit produire cet égoïsme de style, cette manie révoltante, et tant à la mode, de se mettre en scène, et de perdre de vue son objet pour parler de soi. La fausse humanité ne nous donnera que de froides homélies, et ces grimaces sentimentales qui ne font que des comédiens. Il est aisé par là d'apprécier tant d'écrivains de nos jours, d'expliquer l'état dégénéré de notre littérature, et de conclure en même tems que rien n'est moins étranger à l'art d'écrire et de parler, que celui de bien vivre.....

Et voilà aussi ce qui distingue éminemment les écrivains qui illustrèrent le dix-septième siècle, c'est leur caractère moral. Il est impossible de ne pas voir dans leurs chefs-d'œuvre les mœurs fortes et régulières qui dominaient alors; ce tact exquis des convenances qui régnait dans la société; ce ton de réserve et de décence qui formait celui de la bonne compagnie; cette pompe sans luxe, et ces grandes pensées sans grands mots; ce style grave et noble comme leur maintien, et répondant en tout à la dignité de leur vie; cette bonne foi qui, chez eux, marche toujours avec le bon sens.....

C'est la différence essentielle qui les distingue de ces écrivains du *siècle des lumières*, dont la plume décèle à chaque instant la corruption et l'immoralité..... Voltaire a dit : *Un esprit corrompu ne fut jamais sublime.* Et voilà pourquoi il ne l'a jamais été.....

La révolution avait proscrit la modération... La modération d'aujourd'hui est préconisée par les intéressés, par les tièdes, par les lâches et les dévots de la philosophie... On en veut une aujourd'hui qui légitime tout, et qui consomme l'iniquité. Il n'y a donc opposition entre les deux combinaisons morales, que dans le but et les moyens; mais l'esprit est le même, avec une différence pourtant; c'est que, si, dans l'une, il y a plus d'audace, dans l'autre il y a plus de lâcheté, et que, si d'un côté la perversité est plus franche, de l'autre elle est plus raffinée..... Et voilà ce qui nous explique en partie la faiblesse de nos écrivains modernes, qui, neutralisés par ce honteux modérantisme, mettent toute leur gloire à louvoyer avec adresse entre le vice et la vertu, quand il faudrait défendre avec courage la vertu contre le vice; et qui, transigeant ainsi avec leur conscience comme avec leur talent, manquent également, pour bien écrire, de dignité dans l'ame, et d'indépendance dans l'esprit : patelinage indigne, qui ne peut qu'énerver le génie en tuant la morale, et corrompre à la fois les sentimens et les idées : honteuse transaction, qui, en confondant toutes les notions du juste et de l'injuste, et défendant d'appeler les choses par leur nom, ou nommant tout en sens inverse, dénature tellement notre langue, que bientôt l'honneur, la vérité, la justice, l'amour de l'ordre, et toutes les vertus généreuses, ne trouveront plus d'expressions propres qui puissent les caractériser. Ainsi, cette modération si désirable, qui, dans son acception propre, est le plus bel ornement de la vertu,..... devient, par le plus étrange abus du mot et de la chose, le principe même de notre dégénération morale et littéraire, et un système doublement corrupteur, où les vices ont tout à gagner, et les talens tout à perdre.

C'est de cette hypocrite modération, qui doit rétrécir l'esprit en affaiblissant le cœur, que nous sont nées les *idées libérales*, plus hypocrites encore. Conçues dans la fange de la révolution, elles participent de son venin, et, sans en justifier peut-être tous les excès, elles n'en conservent pas moins l'esprit et les principes; idées vraiment nouvelles, que nos grands maîtres et nos grands modèles ne connurent jamais; idées magiques, pour lesquelles on se passionne d'autant plus qu'on les entend moins, ou plutôt qu'on ne les entend que trop, et que chacun peut les définir au gré de sa passion ou de son caprice; idées véritablement immorales, dont le génie propre est de tout confondre pour tout absoudre, et de tout excuser pour se permettre tout. Or, quoi de plus opposé à la véritable éloquence, que ces idées sans idée propre et sans acception déterminée? Comment écrire clairement avec des idées vagues, arbitraires et indéfinies, et qui n'ont pas même de place dans notre dictionnaire?.....

Mais il est une autre modération, non moins défavorable aux succès littéraires, et non moins funeste aux talens; c'est notre indifférence pour la vérité, inévitable conséquence de notre indifférence pour la vertu... Qu'attendre de ces hommes versatiles, qui défendent également le pour et le contre, et

dont la dialectique ambidextre combat également et pour
le *oui* et pour le *non*; de ces hommes de circonstance,
qui ne connaissent de vérité que l'opinion publique, et ses
caprices fugitifs, et ses bizarres fantaisies, et sa marche obli-
que et chancelante ? Qu'attendre de cette foule de demi-
savans, doutant de tout, et ne doutant de rien ; tâtonnant
sur tout, et contredisant tout, et toujours prêts à nous in-
struire de tout ce que nous pouvons ignorer, pour n'avoir
rien à dire sur ce que nous devons apprendre ? Quelle vigueur et quelle élévation peut-on avoir dans l'esprit, lorsqu'on n'a rien d'arrêté dans les principes, lorsqu'on cherche
tout, même ce qui est trouvé, et qu'on discute tout, même
ce qui est reçu ; lorsqu'on essaie tout, et sa morale, et sa
religion, et sa politique et son gouvernement, et que l'on
tourne à droite ou à gauche, suivant que le vent de l'opinion
nous pousse ? Comment marcher d'un pas ferme sur un terrain aussi mouvant, et chercher à convaincre les autres,
quand on n'est convaincu de rien ? Et que peut-il sortir
d'un pareil scepticisme, qu'une éloquence vacillante comme
les principes, vague comme le sentiment, et nébuleuse
comme la pensée ? . . . .
. . . .

Et ce qu'il y a de très-remarquable, c'est que si, d'une
part, il y a aujourd'hui tant de mollesse dans les principes,
tant de langueur dans la recherche de la vérité, tant d'incertitude et de mobilité dans les opinions, il n'y a jamais eu
plus d'exagération et d'emportement dans le style ; c'est qu'à
cette absolution, à peu près générale, pour les écarts du
cœur et de l'esprit, se joint l'exaspération la plus effrénée
dans les partis, et que jamais les passions polémiques et les
haines des écrivains n'ont été plus exaltées et plus enveni-
mées que depuis ce système de modération, qui fait tant de
honteux sacrifices à l'esprit du siècle. On ne discute plus,

on se déchaîne ; on ne combat plus, on se déchire, et le champ des lettres semble s'être changé en une arène de gladiateurs. Rien de plus opposé aux progrès de l'art d'écrire, que cet état permanent d'hostilité et de lutte violente, où les armées des écrivains sont toujours en présence pour se disputer le terrain.

LE CRITIQUE.

Il faut avouer qu'il n'y a rien de plus nuisible au bon goût que ce pugilat littéraire, avec lequel il ne peut pas plus y avoir de pureté de style qu'il n'y a de politesse dans les procédés. On ne garde plus de mesures. On ne veut pas passer aux yeux de l'étranger pour un peuple poli, pour un peuple calme et raisonnable. On agit sans jugement, parce qu'on agit sans examen.

Voltaire s'indignait déjà de son tems de cet esprit. Il écrivait à Thiriot, le 21 janvier 1762 :

« J'ai reçu la théorie de l'impôt, théorie obscure, théorie qui me paraît absurde, et toutes les théories viennent mal à propos pour faire croire aux étrangers que nous sommes sans ressource, et qu'on peut nous outrager et nous attaquer impunément. Voilà de plaisans citoyens et de plaisans hommes ! qu'ils viennent comme moi sur la frontière, ils changeront d'avis. Ils verront combien il est nécessaire de faire respecter le roi et l'état. Par ma foi, on voit tout de travers à Paris. »

Les uns veulent marcher avec le siècle, et les autres sont stationnaires. Ceux-ci veulent secouer le joug des préjugés, et ceux-là respectent les principes et la doctrine qu'ils ont reçus de leurs ancêtres. Un grand nombre de ces écrivains se tourmentent pour étendre les priviléges du peuple, et plusieurs veulent les restreindre. Les uns et les autres se passionnent. Parlez-leur de concession ; aucun n'est assez raisonnable pour en accorder. Ce n'est pas le moyen de s'entendre. De quel poids un tel pays doit-il jouir dans la balance de l'Europe? Lorsque le monarque et les grands propriétaires ne sont occupés qu'à défendre pied à pied le terrain des franchises et des prérogatives, peut-on prendre des mesures pour l'agrandissement du commerce, pour la prospérité de l'État? Peut-on améliorer les institutions, simplifier la législation et lui donner une forme analogue à l'esprit du siècle? Quelle confiance peuvent avoir les étrangers dans un pays où il y a tant de versatilité, tant d'agitations? Mais avouons que beaucoup de choses y contribuent. Qu'on laisse chacun libre de penser et d'adorer l'éternel à sa manière ; que le législateur force le peuple à sanctifier le dimanche ; cela est juste. Mais aussi pourquoi s'entête-t-on à conserver le monopole de l'université contre lequel presque tous les Français se récrient? Pourquoi dans les lieux où il y a plusieurs religions, les uns sont-ils forcés de se renfermer dans l'intérieur des temples, et pourquoi ceux-ci ont-ils le droit exclusif de célébrer leur culte au dehors? Pourquoi n'admet-on pas le jury dans les jugemens contre la presse, et même dans tous les jugemens de police correctionnelle? Pourquoi n'organise-t-on pas les administrations municipales et départementales? Il nous semble que le législateur devrait s'empresser de penser à ces objets sérieusement, puisque c'est le moyen de calmer les passions. On cesserait d'apercevoir dans les écrits ce style virulent, ces personnalités, ces persiflages qui nuisent à l'éloquence, et nous ferions mentir Voltaire, qui écrivait, le 30 juillet 1776, à M. D'Argental :

J'ai vu finir le règne de la raison et du goût ; je vais mourir en laissant la France barbare.

Il nous semble encore que M. l'abbé de Boulogne lui-même a exagéré ses reproches, et qu'il les a trop généralisés.

A l'entendre, on dirait qu'en France il ne règne que désordre ; cependant il y a beaucoup de citoyens qui souhaitent la paix et le repos à leur belle patrie : conséquemment il y a encore des mœurs. Mais il n'est pas étonnant qu'un ecclésiastique ne conçoive pas les idées libérales qui peuvent exister dans un homme vertueux ; et qu'on peut être vertueux, comme en Russie, en Hollande, en Prusse, où cependant la religion romaine n'existe pas.

M. de Boulogne parle ensuite de *la fausse métaphysique*, qui corrompt la raison et égare la droiture naturelle ; de *l'esprit systématique*, qui porte la froideur dans les arts et l'audace même dans la pensée ; de *la philosophie tristement analytique*, qui tient pour suspects tous les mouvemens passionnés de l'ame ; de *la fureur des innovations*, qui ne trouve rien de bien que dans ce qui est ancien ; de *la corruption sans borne*, qui met dans les productions de l'esprit le même désordre que dans les passions ; de *l'indifférence* qui, à la place des croyances, ne met plus que des opinions convenues ; d'une *politique étroite*, qui n'est autre chose que l'art d'exploiter les territoires ; d'un goût abject de *matérialisme*, qui se répand dans toutes nos productions littéraires ; de *l'insouciance pour la vérité*, qui guide aussi mal le pinceau de l'orateur que le crayon de l'historien ; de *la haine frénétique pour la religion* ; enfin de *la neutralité systématique*, sous le nom de *modération*. Mais, ce qu'il n'a pas conçu, c'est qu'un peuple qui veut fonder ses franchises, s'agite tant qu'il n'en voit pas le fondement bien assuré et tant que la législation n'est pas appropriée à ses mœurs. C'est cette agitation qui nuit à l'éloquence.

L'AUTEUR.

Revenons donc à nos grands écrivains, à ces vrais hommes de génie, à ces sublimes dépositaires du feu sacré, arbitres

éternels du bon sens et du bon goût, d'autant plus raison-
nables qu'ils étaient moins raisonneurs. Rappelons-nous
sans cesse que rien ne prouve plus le progrès des lumières
que l'art de bien parler et de bien écrire; que, partout où
le talent de l'éloquence décroit, l'esprit humain rétrograde
dans sa marche.....

Rendons enfin hommage à ce siècle immortel (de
Louis XIV), la plus brillante époque de notre histoire,
à ce siècle d'autant plus éclairé qu'il ne parlait jamais du
progrès de ses lumières; à ce siècle à jamais illustre qui vit
éclore un monde tout nouveau, qui conquit à la fois et l'empire des sciences et l'empire des lettres, et dont le nôtre,
malgré tous les fastes guerriers dont il s'enorgueillit, malgré
tous ses voyages aériens, ses bateaux à vapeur, ses découvertes chimiques et géologiques, n'est encore qu'une ombre.

Les prôneurs des nouvelles lumières s'offenseront sans
doute de notre irrévérence : mais que répondront-ils lorsque nous leur opposerons l'autorité irrécusable du coryphée
même de la philosophie, juge d'autant plus imposant qu'il
est celui qui, par la nature de son talent, marque le plus le
passage du dix-septième siècle au suivant, et qu'il a été con-
temporain de tous les deux? « Il me semble, écrivait-il à
» La Harpe, l'année même de sa mort, le 14 janvier 1778,
» *il me semble que notre chère nation tourne furieuse-*
» *ment, depuis quelques années, à l'opprobre et au ridi-*
» *cule en plus d'un genre. J'ai vu la fin du règne d'Au-*
» *guste, et je suis déjà dans le Bas-Empire.* » Il disait
dans un autre endroit: « Notre pauvre siècle est d'une af-
» freuse stérilité en grands hommes comme en bons ou-
» vrages; du siècle de Louis XIV il ne nous est resté que
» la lie, et dans peu il n'y aura rien du tout. » Il l'appelait
encore l'égout des siècles. Nous laissons à nos lecteurs le
soin de choisir entre ces deux images.

Quel anathême plus foudroyant contre les détracteurs du grand siècle et les admirateurs exclusifs de celui-ci? et combien acquiert-il plus de force et devient-il plus concluant, quand on pense que Voltaire était l'idole du siècle dont il parle ainsi? Mais si tel était son sentiment dans un tems où brillaient encore quelques restes *du siècle d'Auguste*, et où l'arbre de notre littérature poussait encore de tems en tems quelques branches vivaces, comment se serait-il exprimé s'il eût vu cet arbre, frappé dans sa racine, ne plus offrir, sur ses branches desséchées, que des fleurs inodores et des fruits sans saveur? Si déjà, il y a quarante ans, il se croyait dans le *Bas-Empire*, où se croirait-il maintenant? et si alors notre nation, selon lui, *tournait à l'opprobre*, où tourne-t-elle de nos jours, si ce n'est à la mort?

Et certes ce *Bas-Empire*, surtout si on le prend à son origine, ne fut pas aussi méprisable qu'on voudrait nous le faire croire. C'est dans le Bas-Empire que brillent les dernières étincelles de l'éloquence attique, et qu'apparaissent pleins de gloire les Basile et les Chrysostôme, les Augustin et les Grégoire, et autres grands hommes, honneur éternel de la religion et des lettres, que l'église réclame comme ses pères, et l'éloquence comme ses modèles. C'est là que l'on distingue encore de grands princes, de grands hommes d'état, de grands législateurs, dont les nôtres n'ont été que les copistes; c'est là qu'est né ce droit public, qui si long-tems nous a régis et même nous régit encore. Quels qu'aient été, dans l'empire d'Orient, les divisions plus ou moins cruelles, les schismes religieux plus ou moins affligeans, les combats de plume non moins ardens et aussi nombreux que ceux de l'épée, et cette rouille de barbarie qui, pendant une si longue succession de princes, se mêla aux institutions comme aux arts, il n'en est pas moins vrai qu'on ne cessa d'y respecter ces vérités fondamentales, ces principes conservateurs qui donnent la vie aux empires. Il est également certain que si le Bas-Empire est le règne des subtilités théologiques, nous sommes dans celui des niaiseries philosophiques; que ses rhéteurs et ses scholiastes valaient encore mieux que nos idéologues et nos calculateurs; que ses hérésiarques dogmatiques n'étaient pas plus ardens, et sans doute étaient moins dangereux que nos hérésiarques politiques; que ses iconoclastes n'ont pas brisé plus d'images que nous n'avons brisé de monumens et renversé de temples., et que ses gnostiques et ses illuminés du mont Athos n'étaient pas si absurdes que nos initiés maçonniques et nos ténébreux illuminés.....

Voilà le sort qui attend la France, si elle ne revient à la religion, à la morale, aux vrais principes et au bon goût de l'antiquité; c'est de descendre tôt ou tard plus bas encore que le Bas-Empire. Et vous, qui vous regardez comme des génies inventeurs, parce que vous rajeunissez de vieilles erreurs, ou que vous ajoutez à de vieilles erreurs vos rêveries nouvelles, n'oubliez jamais qu'on ne fait rien de beau avec les vices, rien de grand avec les passions, rien d'achevé ou de fini avec l'erreur et le mensonge..... Vous ne voulez rien de fort, vous n'aurez rien de grand; vous n'aspirez qu'au tempéré, vous n'atteindrez qu'au médiocre; vous pourrez avoir des poètes, vous n'aurez pas de poésie; vous pourrez avoir des orateurs, mais frivoles comme vos goûts, froids comme vos spéculations, et mauvais comme leurs intentions. Vous travaillerez pour des partis, pour des factions, pour des coteries, vous ne travaillerez point pour le genre humain.....

LE CRITIQUE.

Un évêque, qui remarquait que la religion romaine déplaisait à la France, ne pouvait écrire autrement. Nous conviendrons avec lui qu'un écrivain qui livre sa plume à un parti, à une faction, à une coterie, ne travaille point pour le genre humain, et ne peut rien produire de grand; mais il est bien difficile, sous quelque gouvernement que l'on soit, royaliste, républicain, aristocratique, qu'un auteur ne soit pas gêné ; si le gouvernement est royaliste, osera-t-il écrire en faveur du gouvernement républicain ; et si c'est sous la république qu'il écrit, il n'osera parler en faveur du gouvernement royal. Ainsi, toujours un écrivain craindra de blesser les convenances, et ne pourra donner l'essor à sa pensée. Il ne s'ensuit pas de là qu'il ne pourra être éloquent.

Ce premier volume renferme encore trois sermons : l'un sur *l'amour de Dieu*, qui est très-bien fait et bien écrit ; le second sur la foi, et le troisième sur le jugement dernier. Ce dernier est faible. L'orateur y parle, comme bien d'autres, de *la vengeance de Dieu*, comme si cet être immuable pouvait se venger. Les offenses de l'homme n'atteignent point cet être éternel ; l'homme, par sa mauvaise conduite, ne fait tort qu'à lui-même : mais un Dieu *infiniment saint* ne peut considérer celui qui pèche, encore moins celui qui meurt dans le crime et sans un vrai repentir de sa faute. Dieu l'abandonne, et cet abandon éternel est le désespoir continuel du coupable. Tel est l'enfer, pire que le feu de nos fournaises, qui consumera sans cesse l'ame de rage et de remords, tandis que le feu des fournaises ardentes ne consume que le corps, la partie matérielle de nous-mêmes. M. l'abbé de Boulogne riait d'entendre appeler notre siècle celui *des lumières*. Il l'est véritablement en ce sens que l'homme croit difficilement. On ne doit plus lui parler par figures pour le convaincre ; on n'y parviendra que par des raisonnemens qu'il est en état de juger solides ou frivoles. C'est en ce sens que ce siècle est appelé le siècle des lumières. M. de Boulogne a tellement senti la justesse de notre raisonnement, que son sermon *sur la justice divine* explique d'une manière très-satisfaisante ce que l'on entend par la vengeance divine.

Le second volume contient dix sermons : l'un sur l'immortalité, qui a été prêché, le 14 février 1777, devant mesdames de France. Ce discours fait honneur à celui qui l'a composé : il peut passer pour un modèle.

Les deux suivans traitent de l'incrédulité avec beaucoup d'art ; tous deux ont le même texte : *Prenez garde que quelqu'un ne vous séduise par la philosophie et par les raisonnemens vains et trompeurs d'une doctrine humaine.* Ce discours est plein de logique, et il serait difficile de le critiquer sérieusement.

Le troisième est un sermon sur la religion, qui fut prêché le troisième dimanche de Carême, à la Station de la cour. Il a pour texte : *Tout royaume divisé en lui-même sera désolé, et toute maison divisée contre elle-même tombera en ruine.*

Il prouve très-habilement que la religion seule produit le bien public et fait la gloire de l'état, et que de tous les fléaux publics l'irréligion est le plus propre à alarmer le zèle des véritables citoyens et la vigilance de l'autorité.

Le quatrième est un sermon *sur la charité fraternelle.* Il est fort de raisonnement, et l'on y remarque une très-belle élocution, des périodes bien arrondies : c'est réellement un beau morceau d'éloquence de la chaire.

Le cinquième sermon traite *de la miséricorde de Dieu.* Il ne vaut pas les précédens, quoiqu'il figure très-bien dans ce recueil.

Celui qui suit sur l'aumône est bien supérieur, soit à cause du style, soit par rapport aux raisonnemens.

Le septième a pour sujet la ressemblance du chrétien avec Dieu : c'est un modèle d'éloquence.

L'*Apologie des gens de bien* fait partie de ce volume. Elle est suivie du sermon sur l'ambition. L'orateur démontre que la passion qui domine les ambitieux est la plus vaine dans son objet, et qu'elle est encore la plus funeste dans ses effets.

On trouve dans le troisième volume un sermon très-éloquent sur *l'opinion*, un discours sur *l'hypocrisie*, un autre sur *l'amour des plaisirs*, le beau sermon sur *l'Enfant prodigue*. La comparaison de l'enfant prodigue, dont le luxe et les plaisirs ont bientôt dévoré le riche héritage que la longue économie d'un père avait amassé, avec le jeune homme qui oublie les bons principes pour suivre le torrent de l'iniquité, est très-bien faite. La définition que l'auteur fait ensuite du monde ne lui est pas inférieure. Mais tout est bien dans ce discours : c'est un chef-d'œuvre d'éloquence. « Les malheurs du prodigue, dit-il, vont toujours croissant: » de l'excès de l'indigence il est tombé dans l'esclavage. Mal- » heur inévitable ! il a quitté un père, il faut donc qu'il se » donne un maître. Nous travaillons à nos chaines en abusant » de notre liberté, et nous perdons ce magnifique privilége » dès que nous voulons trop l'agrandir ou l'étendre. » Ce volume renferme encore un sermon pour la fête de Noël, un discours sur la passion, qui a quelque ressemblance avec le précédent, mais qui lui est supérieur; une *exhortation* sur *la communion*, un discours pour *une profession religieuse*, un sermon sur *la Providence*, et un autre sur *la justice de Dieu*. On rencontre dans le dernier une définition très-exacte de la justice de Dieu. Il est juste parce qu'il est bon. M. de Boulogne dit: « Et que sont en effet ces secrètes agi- » tations qui vous surprennent au milieu des plaisirs, ces » sombres pensées qui suivent le crime, ces soins perpétuels » pour le cacher aux autres ou pour se le dissimuler à soi- » même, sinon autant de preuves d'un jugement terrible déjà » commencé au dedans de nous-mêmes, et autant de tristes » avant-coureurs du grand Juge, qui fait ainsi de la con- » science son fidèle témoin et sa surveillante éternelle? Ainsi » les règles innées de la justice humaine nous aident à en-

» trer dans les profondeurs de la justice divine ; ainsi, par
» cet obscur rayon d'équité qui reluit en nos ames, remon-
» tons-nous jusqu'au soleil de la justice même ; ainsi, sans
» sortir de notre propre cœur, apprenons-nous à redouter
» ce Dieu puissant, qui, voyant tout, porte son jugement
» sur tout, et dont les arrêts souverains seront d'autant
» plus à redouter qu'il nous les fait, pour ainsi dire, ratifier
» d'avance ; que nous plaidons sa cause malgré nous, et
» qu'il nous force à chaque instant de nous déclarer pour
» lui contre nous-mêmes. »

M. l'abbé de Boulogne dit avec saint Paul : « O homme !
» par où croyez-vous éviter le jugement de Dieu ? Nous
» direz-vous encore que Dieu ne nous a pas créés pour nous
» perdre ? Mais ce fils que vous déshéritez pour ses égare-
» mens et sa vie licencieuse, l'aviez-vous mis au monde pour
» le perdre ? Prétendez-vous que le plus beau privilége du
» suprême pouvoir étant celui de faire grâce, Dieu, sans
» doute, usera de ce même droit ? Le prince, qui peut faire
» grâce, a-t-il auparavant épuisé, comme Dieu, toutes ses
» faveurs ? Mais si Dieu peut vous faire grâce, il peut donc
» faire grâce à tous. Mais si Dieu peut ôter la peine du
» crime, *il peut donc aussi supprimer la récompense de la*
» *vertu.* Mais s'il peut diminuer la peine, il peut donc ôter
» toute la peine. Mais s'il peut céder une partie de la répa-
» ration que demande sa gloire, il peut donc la céder toute
» entière. Mais s'il peut tempérer *sa justice*, il peut donc
» aussi l'étouffer. Mes frères, qui de nous ne sent pas l'hor-
» reur de ces conséquences ? »

Nous venons de substituer le mot *justice* à celui de *ven-*
geance, qui se trouve dans le texte. Nous le répétons : Dieu
est juste, et cette justice accable le crime. Dieu s'éloigne
du pervers, et ne le connait plus. Le crime est vengé par
rapport à la vertu qui est en Dieu. Car nos offensés,

sont des attaques qui ne blessent en rien la vertu divine, contre laquelle elles viennent se briser. Notre châtiment augmente à raison de notre impuissance.

Dieu est immuable, et nos crimes ne font rien contre sa puissance. Mais les traits, lancés inutilement par le pécheur contre cette puissance suprême et infinie, que notre raison est trop bornée pour bien définir, trouvant toujours un invincible bras qui les repousse, ne font que retomber sur ce pécheur pour le percer avec plus de violence. C'est ce qu'explique très-clairement le psaume XXXVI, v. 15.

Gladius eorum intret in corde ipsorum, et arcus eorum confringatur.

M. l'abbé de Boulogne n'ignorait pas ces explications, et si l'on ne trouve pas toujours des expressions convenables pour faire passer nos idées entières dans l'esprit des autres, c'est que, dit Voltaire, *toute langue est imparfaite comme nous.*

M. de Boulogne le fait bien sentir, et il rectifie son expression, quand il dit ailleurs, mais dans le même sermon : *Qui de nous ne comprend pas que le pécheur ne peut que se détruire et se perdre lui-même par son entreprise insensée ; que, si jamais la volonté de Dieu pouvait être vaincue par la perversité de l'homme, Dieu ne serait plus Dieu ; que, puisqu'il n'est pas en sa puissance de faire qu'il y ait au monde un plus grand mal que le péché, il ne l'est pas non plus d'en affaiblir le châtiment....*

L'AUTEUR.

Vous rassurerez-vous sur votre propre incertitude ? Nous direz-vous que peut-être les choses ne se passeront pas comme on le dit ? Mais peut-être aussi que ce qu'annoncent les livres saints s'accomplira à la lettre, peut-être aussi que Dieu viendra comme un larron pour vous surprendre, peut-être aussi que l'étang de feu et le puits de l'abîme sont le partage qui vous attend. Pitoyable délire, de vous rassurer sur un *peut-être* ! Quand a-t-on jamais raisonné de la sorte? Quoi! vous ne voudriez pas sur un *peut-être* hasarder votre fortune, votre santé, votre réputation ; et vous ne craignez pas d'en faire dépendre votre tout, qui est votre ame! Je lis dans les Écritures que Dieu enverra l'esprit de vertige et d'étourdissement : chrétiens, je vois clairement cette prophétie accomplie. Hé bien ! jouez-vous donc, puisque vous le voulez, de vos destinées éternelles : tentez à l'aventure cet épouvantable hasard, éprouvez jusqu'où peut pousser une sécurité affectée au milieu de l'incertitude du doute, faites les braves, et courez-en les risques : voyez ce qui arrivera de cette fermeté de penser ; voyez si vous détruirez la sainteté de Dieu, ou si Dieu consumera vos vices ; voyez si vous serez forts contre Dieu, ou s'il vous brisera comme un vase d'argile : mais, avant de prendre ce parti funeste, sachez que si vous vous piquez d'être immuables par vanité, Dieu est immuable par essence ; sachez que si vous vous faites un point d'honneur d'être toujours les mêmes, sa gloire à lui est d'être essentiellement et éternellement le même.....

LE CRITIQUE.

Les prédicateurs ne doivent pas aller chercher dans l'Ancien Testament des textes sur la justice divine. L'Être-Suprême, pour maintenir les Juifs, les punissait réellement par des peines temporelles. La religion chrétienne nous a donné d'autres idées. La rage et le désespoir qui s'empareront de l'ame à la mort du corps, si elle se trouve dans le crime, seront un feu bien plus horrible que celui mis en extension par le contact de l'air.

L'éditeur a renfermé dans le quatrième volume le sermon sur *la simplicité chrétienne*, celui sur *la vérité*, sur *l'excellence de la charité chrétienne*, qui fut prêché à Versailles, la première fois, le 25 mai 1806; un fragment d'un sermon *sur la loi chrétienne*, le beau panégyrique de saint Augustin, le discours d'*ouverture du concile de* 1811, discours qui déplut tellement à Napoléon qu'il disgrâcia l'orateur, malgré les louanges qu'il lui avait prodiguées. Ce discours, qui est bien écrit, est suivi de celui que M. de Boulogne prononça, le 26 mai 1819, dans l'église de Saint-Denis, devant les princes, au sujet de la translation solennelle des reliques de saint Denis et de ses compagnons.

Mais nous avons fait suffisamment connaître les œuvres de M. de Boulogne, et nous nous bornerons à l'examen que nous venons d'en faire.

GREC.

—

Choix des Fables d'Ésope. Traduction nouvelle, portant en regard le texte collationné sur les éditions de Coray, de Schneider, etc.; enrichie de notes historiques, mythologiques, archéologiques et grammaticales; par *Parisot* et *Liskenne*. Un petit vol. in-18 d'environ 7 feuilles. A Paris, chez Poilleux, libraire, rue du Cimetierre-Saint-André-des-Arts, n° 7. Prix. . . . . , ... 2 f. 5o.

Cet ouvrage n'est pas nouveau, mais la traduction est nouvelle et bien supérieure à celle qui en a été faite. Ce petit livre classique, est imprimé sur beau papier, et la typographie en est très-soignée.

Les notes, la plupart grammaticales pour faire remarquer la justesse de la traduction, sont quelquefois historiques et parfois géographiques. Elles sont très-exactes, et sous ce rapport très-convenables aux jeunes gens qui se livrent à l'étude du grec.

On remarque dans celle de l'Aigle et du Renard que chez les Grecs du tems d'Ésope les traités étaient toujours accompagnés de cérémonies religieuses ; ce qui prouve que les anciens avaient jugé que la religion est là base la plus solide de la société.

NOUVELLE GÉOGRAPHIE DE LA FRANCE; par *Paulin Teulières*, A Paris, chez Brunot-Labbe, libraire, quai des Augustins. Prix : 3 fr.

Ce petit ouvrage n'est qu'un abrégé, bien inférieur à la géographie de M. Letronne et à celle de M. Martin.

MUSÉE FRANÇAIS EN 1815, en 24 livraisons. A Paris, chez Gagliani.

Nous avons enfin fait vérifier cet ouvrage par des hommes instruits, et ils ont rapporté que les tableaux enlevés par les alliés sont reproduits très-exactement dans ce Musée ; mais que tous n'étaient pas rendus avec cette exactitude et cette ressemblance parfaite qu'on aurait désirées. Quoi qu'il en soit, ce recueil mérite de figurer dans le cabinet d'un curieux.

ALGER TEL QU'IL EST ; par *Trapani*.

Le tableau statistique, moral et politique de cette régence s'accorde peu avec les lettres que nous avons reçues d'un sous-intendant militaire de l'armée d'Afrique : nous ne pouvons donc que conseiller à nos lecteurs d'attendre le détail que nous en donnera sans doute M. Michaud.

BIBLIOTHÈQUE PROTYPOGRAPHIQUE.

Cet ouvrage ne convient qu'à des amateurs qui désireront connaître l'état de l'écriture dans les tems antérieurs à l'imprimerie. Au reste, cet ouvrage est très-bien exécuté, et doit figurer dans la bibliothèque d'un érudit. Nous ne pouvons entrer dans un plus grand détail, parce que le libraire ne nous ayant pas remis d'exemplaire, nous avons été forcés d'en prendre connaissance à la Bibliothèque du roi, où il n'est pas toujours facile de se livrer à des remarques approfondies.

____

MÉMOIRE SUR L'ŒDÊME SQUIRRHODE; par *Demangeon*.

Un célèbre médecin de la capitale, qui est un dé nos abonnés, a bien voulu se charger d'examiner ce petit opuscule, et ce rapport n'a pas été favorable à l'auteur. Il n'a pas, sur les eaux de Plombières, la même opinion que M. Demangeon ; le rapport de notre abonné sur ce dernier objet est basé sur l'expérience, à laquelle nous devons nous soumettre.

____

VOYAGE DANS LA RÉGENCE D'ALGER ; par le Docteur *Shaw*.

Nous avons fait examiner cet ouvrage par M. le traducteur de langue anglaise, attaché à notre bibliographie ; et il trouve que la traduction n'est pas exacte en plusieurs endroits. Nous ignorons si les notes de M. Maccarthy ont plus de vérité : nous ne pouvons donc que renouveler le conseil que nous avons donné au sujet de l'ouvrage de M. Trapani.

____

COURS GÉNÉRAL DE LANGUE FRANÇAISE EN 30 LEÇONS ; par M. *Pons*. Un vol. in-8°. Prix : 6 fr.

Nous avons été forcé d'examiner cet ouvrage à la Bibliothèque de Sainte-Geneviève, parce que le libraire n'a pas osé le soumettre à notre examen. Cette grammaire reproduit les grandes erreurs de celle de *Letellier*, et nous n'en ferons aucune analyse : elle ne serait pas à l'avantage de l'auteur. Nous nous bornerons à dire que la grammaire de

Noël, qui ne coûte que 2 fr., est préférable malgré ses erreurs sur les participes. Au cours de M. Pons :

*Les femmes que nous avons laissées passer, sont char-
mantes.*

Laissé passer ne forment, pour ainsi dire, qu'un même
verbe ; c'est comme s'il y avait, *les femmes, auxquelles nous
avons permis de passer, sont charmantes.* Le participe employé pour gouverner l'infinitif est en action, et doit rester
invariable. On ne peut le faire varier et accorder avec le régime qui précède que quand le participe offre une action
passée, comme dans cet exemple : *les femmes que nous
avons battues,* c'est-à-dire qui ont été battues par nous.

Il n'y a rien de plus ridicule que cette utopie de M. Noël
et des autres prétendus grammairiens, qui ont copié la
Grammaire des grammaires et celle de l'abbé de Lévijac,
qui prétendent qu'on doit changer l'infinitif en un présent
ou en un imparfait précédé d'un *qui* relatif ; n'est-ce pas dire
à celui qui écoute, *nous allons vous parler d'une manière,
mais vous comprendrez d'une autre ?* Ainsi quand nous
dirons : *la femme que nous avons entendue chanter,* il
faut comprendre chantant ou qui chantait.

Les étrangers, principalement les Allemands, rient de
cette utopie littéraire, et en sentent tout le ridicule. En effet,
si la femme n'avait pas chanté, on n'aurait rien entendu.
Entendre chanter sont donc deux verbes inséparables comme
faire chanter.

Ces prétendus grammairiens écriront-ils, s'ils ont vu bannir une femme, *la femme que nous avons vue bannir.*
c'est-à-dire qui a été vue bannissant, ce serait le contraire
de ce qui serait. Ce n'est pas une femme qui bannissait, mais
une femme qu'on bannissait. Lorsque le participe passé est
en action ou gouverne un verbe à l'infinitif, il doit donc être
invariable.

Dans cette phrase : *La femme que j'ai entendu chanter*, la femme n'est pas régime direct du verbe *entendu*, mais régime indirect du verbe *chanter*; cela signifie : *J'ai entendu chanter par la femme*, ou *la femme, par laquelle j'ai entendu chanter, était charmante*. En effet, qu'est-ce qu'on a entendu? c'est *chanter*. Par qui? *par la femme*.

HISTOIRE.

HISTOIRE CHRONOLOGIQUE DE FRANCE, depuis la première convocation des notables jusqu'en 1828. Un vol. in-8°. Prix : 21 fr. 5o.

Nous ne conseillerons jamais à nos lecteurs d'acheter à ce prix un volume in-8°. Ce n'est pas une histoire, d'ailleurs; ce n'est qu'un rapport par ordre de date, ou plutôt une copie des journaux.

HISTOIRE DE FRANÇOIS Ier; par Mme *Sophie de Maraise*. Un vol. in-12.

Cet ouvrage n'est pas une histoire. L'auteur a copié des faits de l'histoire de François Ier, par Gaillard; mais quelle différence de celle-ci à l'ouvrage de Mme de Maraise! L'ouvrage de Gaillard est réellement une histoire. Elle se fait remarquer par la vérité et par la beauté de son style, tandis que l'autre n'est qu'un décousu, et où il y a beaucoup de choses non justifiées.

HISTOIRE DE FRANCE d'*Anquetil*, continuée par M. *Léonard Gallois*. 9 vol. in-8° d'Anquetil, et 4 de même format de continuation. A Paris, au Cabinet littéraire, Vieille rue du Temple, n° 6. Prix de chaque vol. : 2 fr. 25.

Il ne faut pas confondre cet ouvrage avec un semblable, continué par Gallais. La production de M. Gallais, faite sans méthode et sans ordre, très-peu circonstanciée, et privée même d'anecdotes très-remarquables sur Robespierre,

4*

n'est presque qu'un abrégé, puisqu'elle ne nous dit rien du discrédit des assignats, de leur démonétisation, de la vente des biens nationaux, de leur paiement en assignats sans valeur, des troubles des départemens, des arbres de la liberté, et d'une foule d'autres objets nécessaires pour donner à la postérité une idée juste de ces tems de calamité; elle ne mérite donc que le titre de *Rapport sans ordre des principaux faits* depuis la mort de Louis XVI, jusqu'en 1815, et rapport copié mot pour mot en beaucoup d'endroits, sur des histoires antérieures. L'auteur a eu la vanité de s'en attribuer le style; mais un œil un peu clairvoyant distingue facilement le style rapide de ces auteurs avec le style plat et décousu de M. Gallais.

Il n'en est pas de même de la continuation de M. *Léonard Gallois*. Deux volumes de cette continuation sont déjà imprimés, et nous les avons examinés avec le plus grand soin. D'abord la typographie, exécutée sur papier fin satiné des Vosges, est un objet de luxe. Le style est coulant, clair, précis, ainsi que le désire l'histoire. La marche de cet ouvrage est méthodique, rapide, et telle qu'un bon historien n'a pu s'empêcher de dire, lorsqu'on lui a demandé son avis : *C'est bon et beaucoup au-dessus de l'histoire d'Anquetil.*

La continuation de l'histoire de France par M. Léonard Gallois est divisée en chapitres, avec un sommaire en tête de chacun ; mais l'auteur paraît avoir conservé l'ordre de dates, ce qui est un objet très-important pour l'histoire. Le sommaire du premier chapitre est ainsi conçu :

Triomphe des jacobins. — Démission de Roland. — Beurnonville, ministre de la Guerre. — Serment fait par la Convention nationale d'oublier toute dissention.—Plan de gouvernement proposé par Sièyes. — Réunion de Nice et de Monaco.— Déclaration de guerre à l'Angleterre et à la Hollande.— Situation de la République française.—

Enthousiasme. — Levée de trois cent mille hommes. — Armées françaises. — Revers qu'elles éprouvent.— Kellermann, Servan, Miranda, Dumouriez. — Invasion de la Hollande. — La carmagnole.— Le camp des Castors. — Bataille de Nervinde.

Ce premier volume de continuation commence ainsi : « Que l'historien dont je vais essayer de continuer les travaux sur l'histoire de France a bien fait de s'arrêter à la mort de l'infortuné Louis XVI ! Sa plume s'est sans doute refusée à retracer cette longue suite de faits affligeans, de vérités alarmantes, de crimes inouis, dont se compose une partie de l'histoire de la Convention, jusqu'à la chute de Robespierre. La tâche qu'Anquetil *me laisse à remplir ne pouvait être plus pénible.* Je vais avoir constamment sous les yeux le tableau déchirant de toutes les passions humaines déchaînées, se heurtant avec fureur ; je vais trouver des tigres altérés de sang parmi ces hommes dont la première idée avait été l'abolition de la peine de mort; je vais apprendre, en frémissant, jusqu'à quels excès peut se porter l'ambition de quelques hypocrites couverts du masque du républicanisme ; et je *vais connaître* les funestes effets de l'anarchie. Heureusement, je rencontrerai encore sur la grande scène politique quelques véritables amis de la liberté, quelques hommes vertueux ; j'aurai à raconter des traits d'un patriotisme désintéressé, d'un républicanisme sans tache. Je parlerai de nos jeunes soldats, de nos camps, où l'honneur français semblait s'être réfugié à cette époque déplorable ; je dirai aussi quels furent l'activité, l'énergie et le courage de la Convention dans les momens de danger ; les prodiges qu'elle fit pour sauver la patrie de l'invasion étrangère, et de la guerre civile allumée au sein de la France ; les innovations philosophiques qu'elle introduisit dans notre système astronomique, statistique, politique et religieux : alors l'étonne-

4**

ment succédera à l'indignation, et l'on se demandera si c'étaient des hommes ordinaires ceux qui, d'une main, renversaient les trônes, les autels et les croyances les plus révérées, tandis que de l'autre ils repoussaient l'Europe entière armée contre eux, et faisaient trembler toutes les têtes couronnées. Pour fonder cette république, contre laquelle s'étaient ligués tous les rois de la chrétienté, il fallait montrer une audace inouie ; il fallait braver la terre et le ciel : la Convention nationale le fit sans pâlir ! »

La suite à la prochaine livraison.

HISTOIRE DE FRANCE, depuis sa première occupation par les Gaulois jusqu'à Louis XV ; par M. *Achille de Jouffroi.*

Ce volume, grand in-folio, orné de cinquante-deux lithographies qui font connaitre les mœurs et les usages de ce tems, compris deux cartes, l'une qui représente la Gaule sous la domination des Romains, l'autre comme elle est maintenant, commence par un avant-propos, et nous allons le transcrire en entier, puisqu'il est l'exposé du plan de cet ouvrage, et qu'il donnera au public une idée du style de l'auteur.

L'AUTEUR.

On convient assez généralement qu'après d'innombrables volumes écrits sur l'histoire de France, cette histoire est encore à faire. Nous n'avons pas la prétention de remplir une lacune que tant d'écrivains distingués ont laissée après eux; mais l'ouvrage que nous publions, fruit de recherches laborieuses, se distinguera par un objet et un but particuliers. Nous osons penser que l'on remarquera, dans cette esquisse de notre monarchie, des rapprochemens nouveaux, des faits peu connus, la solution de plusieurs difficultés mal éclaircies jusqu'à ce jour, et surtout un ordre et une distribution dont il sera facile d'apprécier les avantages.

Notre plan consiste à dérouler sous les yeux du lecteur un tableau fidèle, quoique peint à grands traits, *de la civilisation de la France* dans chaque siècle.

LE CRITIQUE.

Il nous semble que vous auriez dû dire : *De la civilisation du pays qu'on nomme aujourd'hui la France*. Mais continuez votre exposition.

L'AUTEUR.

Les développemens nécessaires pour justifier ce texte seront l'objet de notes plus étendues, qui contiendront les observations critiques et les faits, ou les anecdotes propres à caractériser l'état de la société, les coutumes et les mœurs. Enfin, pour aider nos lecteurs à se former un cours complet d'histoire de France, nous aurons soin de leur indiquer toujours les sources où ils pourront puiser avec confiance les détails qui n'auront pu trouver place dans les limites que nous nous prescrivons. Nous avons exploré nous-mêmes les monumens littéraires de notre histoire, depuis les premiers siècles de la monarchie; nous avons eu, grâce à la munificence du gouvernement, la facilité de consulter les manuscrits les plus précieux, relatifs à la science et aux arts. Des savans distingués ont bien voulu nous aider de leurs conseils et nous éclairer de leurs lumières. Les monumens que nous publions, et qui sont dispersés sur le sol de la France, n'ont point été copiés d'autres ouvrages; ils ont été dessinés d'après nature, sur les lieux mêmes, et plusieurs d'entre eux étaient inédits.

Ce serait peu d'avoir recueilli des monumens, vérifié des dates, éclairci des points contestés, et choisi avec soin les matériaux dont se compose notre travail; le but de l'histoire est d'offrir de mémorables leçons, et le point de vue moral ne sera pas le moins important de cet ouvrage. Une grande pensée domine, en quelque sorte, toute notre composition : elle s'est élevée du sein de nos recherches; elle repose sur l'examen attentif de la marche et des progrès de notre monarchie : cette pensée, que la plupart de nos écrivains semblent avoir négligée, c'est que l'histoire de la civilisation d'un peuple est inséparable de celle de son droit public.

Ainsi nous considérons le droit public des peuples comme le principal moyen de perfectionnement, comme la garantie essentielle de leur civilisation. Nous montrerons en effet la triste situation de la nation française dans les premiers tems de la monarchie, avant que son droit public fût établi ou reconnu.

Nous ferons observer comment, dans la suite, les infractions à ce droit, soit violentes, soit paisibles, causèrent le dépérissement de la civilisation, des lumières, des arts, et amenèrent ces grandes vicissitudes qui ont privé plus d'une fois des générations entières du bonheur et du repos.

La monarchie française, la plus ancienne de l'occident, a été l'héritière immédiate de l'empire romain dans cette portion du globe; chargée par la Providence d'y propager, sans interruption, la civilisation et le christianisme, seule elle conserva fidèlement le dépôt des doctrines religieuses et sociales, à travers quatorze siècles de révolutions et d'alarmes. Elle doit un tel avantage à son droit public, le premier qui se soit fortement établi dans l'Europe moderne, et nous verrons que les malheurs de cette belle monarchie furent toujours une suite de l'oubli ou de la violation des principes qui l'avaient fondée.

Dès le premier moment où elle exista dans les Gaules, où elle eut un nom constaté dans l'histoire, la France fut un état monarchique, catholique et militaire; sa puissance s'éleva, se soutint et s'accrut sous ces auspices. La croix, le sceptre et l'épée firent de dix peuples un seul peuple ; sous la protection de cette triple alliance les mœurs se confondirent, le caractère national se développa, et l'honneur naquit : l'honneur, culte particulier à notre vieille patrie, garantie sublime de toutes les libertés, en ce qu'il plaçait la vertu sous la protection de l'opinion publique, et ne souffrait jamais que le pouvoir l'avilît. Tels furent les principes qui fondèrent la monarchie, et qui parurent depuis inséparables de son existence et de sa splendeur.

Avant l'entrée des Francs dans les Gaules, le droit public des Romains y était généralement reconnu. Depuis quatre siècles, la ville de Rome, centre perpétuel du gouvernement, ressemblait, pour ces provinces éloignées, à un trône héréditaire ; les usurpations prétoriennes qui ensanglantaient la ville de Mars troublaient peu les peuples de l'Aquitaine et de la Belgique. Sous ces lois constantes, sous ces formes protectrices, les Gaulois, façonnés en quelque sorte à la monarchie, étaient parvenus au plus haut degré de civilisation connu dans l'occident. La corruption du Bas-Empire et l'oppression dévorante des derniers règnes favorisèrent les invasions des Barbares, qui apportaient avec eux des lois inusitées et des mœurs étrangères. Quand le sceptre des Césars fut brisé sans retour, le droit public fut remis en question et la Barbarie prévalut.

Clovis fonda, au milieu de cette confusion, une grande monarchie. Les élémens épars de la civilisation essayèrent de se grouper autour du conquérant; mais, après lui, ses quatre enfans les dispersèrent de nouveau dans leurs guerres civiles. Tour-à-tour démembrée et réunie sous les successeurs de ces princes, la France parut n'être plus qu'une arène sanglante où des frères irréconciliables se partageaient, le fer à la main, une domination abandonnée aux chances de la fortune.

L'usurpation reprochée à la seconde race acheva d'affaiblir les notions du droit et de la justice ; *l'ambition devint le mobile universel, et partout la force s'érigea en droit.* L'envahissement du pouvoir suprême parut justifier l'envahissement de tous les pouvoirs intermédiaires. Toutes ces ambitions, toutes ces forces actives, détournées par un chef habile vers un but étranger, procurèrent au règne de Charlemagne un éclat de quarante années ; mais la civilisation ne retira aucun avantage de cette gloire éphémère. Dans l'intérieur, tout resta confus et livré au hasard, le courage téméraire ou même l'adroite trahison s'autorisent de la faiblesse des règles sociales ; la législation antique est repoussée comme importune ; les lumières sont voilées, les arts disparaissent, la barbarie couvre la France, et les contemporains du plus illustre guerrier du moyen âge semblent craindre de laisser à la postérité des monumens d'un règne qui n'a pas la conscience de la légitimité.

Du sein de ces ténèbres s'élève pourtant une institution forte, généreuse même ; c'est la féodalité, tant décriée de nos jours : son origine tient à l'absence du droit public ; mais nous n'oublierons pas qu'elle a sauvé la France du joug des Normands et des Sarrasins, et qu'elle a préparé la gloire de la troisième race.

Plus sage que ses prédécesseurs, le chef de cette dynastie, en assurant la couronne à son unique héritier, parvient à établir la loi fondamentale de succession au trône. Sous l'influence de ce droit public, le plus important de tous, la monarchie sort de ses ruines ; l'ordre remplace peu à peu la confusion, les droits particuliers se raffermissent, les institutions se perpétuent, les familles retrouvent une garantie pour l'avenir, les lumières reparaissent et les arts sont cultivés : au bout de sept cents ans la France de Louis XIV impose sa brillante civilisation à l'Europe entière.

Cet aperçu des vicissitudes du gouvernement en France suffit pour donner une idée de la partie morale du plan que nous avons adopté. Nous ne déguisons ni les malheurs ni les crimes des tems passés ; mais, en cherchant à découvrir, au sein de la confusion et des désordres, de quel côté fut la justice, nous avons la satisfaction de la voir constamment inséparable des lois qui servent de fondement à la monarchie, et *qui en assurent la durée.*

LE CRITIQUE.

Nous ne pouvons qu'applaudir à la marche que vous avez adoptée ; c'est la vraie manière d'écrire l'histoire.

L'AUTEUR.

Les commencemens de notre histoire sont obscurs ; le berceau des grands états est presque toujours environné de fables. Lorsque tous les yeux étaient fixés sur l'agonie du colosse d'occident, on s'occupait peu des progrès de civilisation de quelques tribus germaines, et il ne faut pas s'étonner si nos premiers rois ont manqué d'historiens. Au milieu d'un bouleversement du sol, une faible source jaillit dans un lieu reculé ; les pasteurs voisins ne consacrent point, par des monumens, l'apparition de ce phénomène peu remarquable. Cependant un nouveau fleuve vient de commencer son cours, il garde son nom en traversant les siècles, il s'accroît des eaux qu'il rencontre sur son passage ; enfin il arrive, majestueux, offrant ses ondes aux navires, et fertilisant de vastes contrées : c'est alors qu'on s'enquiert de son origine et qu'on remonte vers sa source ; mais les témoins qui assistaient à sa naissance n'existent plus, et on ne peut guère recueillir que des traditions incertaines sur un événement dont nul n'avait pressenti l'importance.

LE CRITIQUE.

Voici une erreur. Les Romains avaient pressenti cette importance, et leurs historiens nous parlent des Francs bien avant leur établissement dans la Gaule. Les Romains les craignaient encore plus qu'ils ne redoutaient les Germains ; ils avaient donné déjà depuis long-tems des preuves de leur intrépidité à ces fiers conquérans du monde. Les Francs n'ont donc pas manqué d'historiens, ou plutôt de chroniques ; mais Grégoire de Tours nous a donné l'histoire de leurs anciens rois. On la trouve bien plus clairement encore dans l'Histoire universelle chronologique par M. de Saint-Martin. L'on y remarque que les Francs sont les descendans de ces fameux guerriers qui, sous les ordres de Sigovèse, neveu d'Ambigat, roi des Saliens, allèrent s'établir dans la Germanie, tandis que Bellovèse, son frère, pénétra avec d'autres guerriers en Italie. En effet, vous revenez sur ce que vous avez rapporté et vous dites :

L'AUTEUR.

Néanmoins l'origine de notre monarchie est mieux connue que celle de plusieurs autres états ; elle fut fondée dans des siècles éclairés, au sein de la Gaule civilisée, et la question a été obscurcie bien moins par le défaut de lumières que par les opinions diverses des premiers historiens. Nous montrerons qu'on peut se rendre un compte assez satisfaisant des premiers tems de notre histoire, si l'on étudie avec attention les monumens contemporains qui sont parvenus jusqu'à nous.

LE CRITIQUE.

Sans doute. La loi salique était en vigueur chez Ambigat, roi des Berruyens-Saliens, et qui avait étendu son autorité depuis la Garonne et la Provence jusqu'au Rhin :

c'est ce que rapporte l'Histoire universelle que nous venons de citer. Elle ajoute que, si les Romains ont usurpé la Gaule, les Francs n'ont fait que rentrer dans le pays de leurs ancêtres. Elle cite les divers peuples de la Gaule, leur émigration, leurs conquêtes, et supplée à l'histoire de Grégoire de Tours.

L'AUTEUR.

La fluctuation des idées est telle, de nos jours, que les opinions les plus contraires sur l'état présent de la France peuvent s'accréditer jusqu'à un certain point ; mais, quelle que soit la méfiance de l'esprit de parti, nous espérons que nul Français, en nous lisant, ne nous contestera l'impartialité et la bonne foi. L'étude des tems passés ne se rattache point dans notre pensée aux intérêts pour lesquels on s'agite autour de nous. Heureux si le monument que nous élevons à la gloire de l'ancienne France contribue à fortifier le présent de la puissance des souvenirs! Quoi qu'il en soit, nous décrivons la France de Clovis, de Charlemagne, de Louis XIV; la France de la révolution appartient peut-être à une autre histoire, et nous nous arrêtons où l'ancienne finit.

LE CRITIQUE.

Soyez assuré que tous les Français vous sauront gré d'un travail qui donne un nouveau lustre à la gloire de la France. De quelque parti qu'ils soient, ils sont jaloux de la gloire de leur pays, et savent rendre justice à l'historien surtout qui consacre ses jours et ses veilles à répandre une nouvelle lumière sur les fastes d'un royaume qui leur est cher, à un historien qui fait honneur à la nation, et qui apprend aux autres peuples la vraie manière d'écrire l'histoire.

L'AUTEUR.

C'est de notre France de quatorze siècles que s'occuperont

surtout des générations plus calmes ; elles oublieront la partie mobile et passagère des systèmes pour lesquels on combat aujourd'hui, et elles aimeront peut-être à considérer nos vieilles annales sous un point de vue dont le tems ne puisse diminuer l'intérêt. C'est ainsi qu'elles observeront les arts liés aux mœurs, ou même à l'esprit public, et c'est ainsi qu'ils deviennent une partie essentielle de notre plan. On en verra les variations et les progrès, selon l'ordre chronologique, depuis les premiers efforts de l'industrie des Celtes, au tems où quelques pécheurs formèrent un village dans l'île de Lutèce , jusqu'au-delà des jours prospères, où dix nations venaient reconnaître leurs drapeaux sous les voûtes sacrées des Invalides. Après les monumens Celtiques, paraîtront ceux dont les Romains enrichirent leurs collines gauloises. L'architecture du Bas-Empire dominera ensuite jusqu'à la fin de la première race. A celle-ci succède l'architecture *Carlovingiaque* ou *Lombarde*, importée en France sous Charlemagne, et, plus tard, celle qui, improprement nommée *Gothique*, semble commencer avec la race Capétienne. L'architecture chevaleresque ou féodale disparut à la renaissance du goût des Grecs et des Romains sous François Ier; mais, depuis Louis XIV, la sculpture et l'architecture déclinèrent insensiblement jusqu'au règne de Louis XVI, tems auquel l'école moderne, prenant un nouvel essor, obtenait déjà la prépondérance qu'on ne lui conteste plus.

LE CRITIQUE.

Sans contredit cet ouvrage est d'un genre neuf ; et devra piquer la curiosité des Français.

Cet avant-propos est suivi d'une introduction très-bien faite sous le rapport du style et des choses. Nous n'y avons remarqué que deux fautes grammaticales , que l'auteur n'a pas aperçues. Il dit à la page 46 :

Dans les parties méridionale et occidentale ,

il fallait dire : Dans la partie méridionale et dans la partie occidentale ; ou bien, par ellipse, dans les deux parties, méridionale et occidentale. Les adjectifs qualifient les substantifs et en prennent le nombre et le genre, mais ils ne les modifient point.

L'auteur commence ainsi cette introduction :

« L'histoire d'un grand État ne se borne pas au récit des variations du territoire, ou à celui des faits militaires : elle comprend aussi les recherches sur l'origine des peuples, les annales de la législation, le tableau des institutions religieuses et politiques, enfin l'examen des monumens, des traditions, des coutumes et des mœurs. »

Cela est très-juste, mais l'auteur n'est pas exact, lorsqu'il continue : *Une nation peut exister sans territoire.* Il fallait dire : Une nation peut exister sans avoir un territoire à elle.

L'AUTEUR.

Le sol est immobile, et les peuples se déplacent : ce qui caractérise une nation, c'est la communauté d'origine, d'intérêts ; mais surtout de religion, de lois, de langage et de mœurs.

LE CRITIQUE.

Cela est vrai.

L'AUTEUR.

Le sol, en un mot, n'est point la patrie. Seulement, lorsqu'ayant passé de l'état nomade à l'état agricole, les nations ont fixé leur demeure dans une contrée, le sol devient une des propriétés de la patrie. La France doit son nom à une peuplade étrangère, qui vint y fonder la monarchie parmi les débris de l'empire romain.

LE CRITIQUE.

Nous sommes loin d'adopter ce système. Les Francs

étaient des Gaulois, ou plutôt des *Saliens*; des peuples qui habitaient les rives du Rhin, où avait commandé Sigovèse, neveu d'Ambigat. Ils faisaient depuis long-tems des efforts pour rentrer dans la Gaule, leur patrie primitive.

L'AUTEUR.

Les habitans que le pays renfermait à l'époque de l'invasion, et ceux qui s'y fixèrent dans la suite, se confondirent peu à peu, sous le nom de Français, avec les conquérans. Dans la succession des tems, le mélange des races a presque effacé la trace des origines. Un gouvernement unique a tout rallié; un langage commun s'est formé, une loi fondamentale a été reconnue : et, après quelques générations, tous les individus nés sur le sol français ont fait partie de la même association politique. Il en résulte que l'histoire de France est liée à celle du territoire; ce qui donne à l'écrivain la facilité de coordonner son plan d'une manière commode et claire, en rapportant la succession variée des événemens à un espace géographique qu'on peut déterminer, bien qu'il n'ait pas été invariable lui-même.

LE CRITIQUE.

Il n'y a rien à dire à ce sujet. Vous ajoutez, d'après Plutarque, que tous les Celtes n'étaient pas Gaulois; mais d'après César et Tacite, que tous les Gaulois étaient *Celtes*, peuples du nord, et qu'outre leur dénomination générique, ils avaient encore celle de Gœll, qui leur était particulière, d'où est venu le nom de Gaule. Cela est très-vraisemblable. Les Grecs leur ont donné le nom de *Gala* (lait), à cause de la blancheur de leur peau. Il en est de même des Bretons, tribu évidemment celtique, à qui l'on donna le nom de *britk-den*, homme bigarré, à cause de leur coutume de se tatouer le corps.

L'auteur trace ensuite la géographie de la Gaule, et il

s'en acquitte avec beaucoup d'exactitude. Mais entendons-le lui-même.

L'AUTEUR.

Les bassins des quatre fleuves principaux, le Rhône, la Garonne, la Loire et la Seine, recueillent la plus grande partie des eaux de la France ; ces fleuves la portent aux deux mers, sans quitter le territoire. Les affluens de la rive gauche du Rhin, tels que la Meuse, l'Ile et la Moselle, ne font que traverser nos provinces septentrionales ; le reste s'écoule vers la mer par des fleuves du second ordre, tels que la Somme, la Vilaine, la Charente, l'Adour, l'Hérault, et par un grand nombre de ruisseaux ou de courans peu considérables.

Le partage des eaux n'étant pas formé généralement par des montagnes de difficile accès, rien n'empêche les habitans des diverses provinces de communiquer entre eux ; la disposition physique du sol de la Gaule semble faite pour un royaume aussi étendu que ses bornes naturelles ; aussi les premiers peuples qui l'occupèrent formèrent-ils bientôt une confédération.

Les Romains, après la conquête, en firent une seule division de leur empire immense, et les Francs, à la suite de leur invasion, ne tardèrent pas à réunir à la monarchie presque tout ce territoire. Les plus hautes montagnes de la Gaule lui servent de limites ; ce sont les Alpes à l'orient et les Pyrénées au midi. Les chaînes principales sont à l'est, celle du Jura, qui nous sépare de l'Helvétie, et celle des Vosges, qui se prolonge au nord-est ; celle des Cévennes, qui court du nord au midi le long du bassin du Rhône, se joint d'un côté au groupe des montagnes d'Auvergne, et de l'autre, se dirigeant vers le sud-ouest, va se rendre au pied des Pyrénées. Ces montagnes de l'intérieur n'ont pas mille toises d'élévation.

LE CRITIQUE.

Tous ces détails, étayés de notes curieuses, n'offrent aucune matière à la critique. L'auteur trace avec la même exactitude l'état ancien du territoire ; mais il n'en est pas de même du passage suivant.

L'AUTEUR.

Il paraît certain du moins que 1500 ans avant l'ère chrétienne, les Celtes occupaient la Souabe, la Bavière, l'Autriche, toute l'Italie septentrionale, l'Helvétie, une partie de la Grande-Bretagne ; et en Espagne, ces régions voisines du Tage, où long-tems après leur mélange avec les Ibères les fit nommer Celtibères par les premiers historiens.

LE CRITIQUE.

- Nous ne disconviendrons pas que le mélange des Celtes avec les Ibères fit nommer les peuples du nord de l'Espagne *Celtibères*. Mais quelle preuve avez-vous que les Celtes, tribu scythique, aient franchi, 1500 ans avant l'ère chrétienne, la chaîne du Caucase, pour venir habiter l'Autriche ou la Pannonie ? Nous croyons au contraire que les Scythes se sont d'abord répandus dans la Grèce, et que c'étaient ces Pélasges dont on a tant parlé. Les Celtes, autre tribu scythique, à leur exemple, sont venus habiter la Thrace. Les Phéniciens en conduisirent beaucoup en Espagne, 1630 ans avant l'ère chrétienne, pour peupler le nord de l'Èbre. Il y avait déjà quelques habitans dans cette contrée, et leur mélange avec les Celtes fit donner à ces hommes, voisins des Pyrénées, le nom de Celtibères. D'autres de ces Scythes, en 1562, allèrent dans la Thrace et se répandirent dans la Dalmatie, dans la Croatie, en chassèrent les Illyriens, qui se divisaient en trois branches, les *Liburni*, les *Siculi*, les *Heneti* ou *Veneti*, dont on ignore l'origine.

Les Liburni, la plus nombreuse tribu, qui habitait la Liburnie (Croatie), occupèrent la Pouille, l'Abruzze, enfin toute cette partie bornée à l'ouest par l'Apennin, à l'est par le golfe de Venise, et qui s'étend du nord au sud, depuis Ancône jusqu'au cap le plus avancé de la terre d'Otrante. Bientôt des colonies grecques se joignirent à eux. Mais lorsque les Liburni entrèrent en Italie, ils y trouvèrent des Pélasges que 1500 ans avant l'ère chrétienne les Phéniciens y avaient transportés. C'étaient les Ombri, les Tusci ou Tusces, que l'on nommait généralement Gaulois, à cause de la blancheur de leur teint.

Plusieurs de ces Scythes se mêlèrent avec les Siculi, qui habitaient les confins de la Dalmatie. Il paraît que dans ces Scythes il y avait des peuples de plusieurs tribus. En l'an 1364 avant J.-C., les Celtes, autre tribu scythique, attirée par le compte avantageux qu'on leur avait rendu de l'Italie, de la Dalmatie et de la Pannonie, franchirent la chaîne du Caucase, et forcèrent les Siculi à pénétrer en Italie. Ils allèrent peupler le centre de l'Ombrie, le Latium, tous les cantons dont les habitans étaient connus sous le nom d'*Opiques*. C'est ainsi que l'on nommait les peuples depuis le Tibre jusqu'aux Liburnes, à l'est de l'Italie. Mais ces noms se perdirent dans la suite, lors des ligues particulières des Sabins, des Samnites, des Latins, des *Itali* et des *OEnotri*. Ces ligues particulières eurent lieu par le mélange des peuples ; il y avait beaucoup de Celtes parmi les Sabins et parmi les Samnites, des Grecs parmi les Latins, les Itali et les OEnotri. Ces peuples, qui avaient un culte et des usages différens, se divisèrent et formèrent des peuplades à part.

Plusieurs de ces Celtes qui s'étaient rendus maîtres de la Dalmatie, s'avancèrent dans la Pannonie (l'Autriche), et commencèrent à la peupler. C'était environ en l'an 1300 avant l'ère chrétienne. Ils y menèrent une vie errante. Deux

cents ans après, d'autres tribus scythiques franchirent encore
le Caucase, et vinrent retrouver les Celtes dans la Pannonie.
Les Celtes furent forcés de partager les pâturages avec eux ;
mais quelques-uns des Celtes s'avisèrent de traverser le Rhin
sur des canots informes, trouvèrent la partie méridionale
de ce fleuve inhabitée, et sur le rapport qu'ils firent à ceux
de leur tribu, que les pâturages étaient plus abondans dans
la partie méridionale, tous les Celtes laissèrent les Scythes
ou Germains, maîtres de la Dalmatie et de la Pannonie, et
passèrent le Rhin. Ils se répandirent, en l'an 1000 avant
J.-C., dans tout le pays qu'on a nommé depuis la Celtique
ou la Gaule.

Quand dans les auteurs anciens on ne lit que ce qui a rapport à un peuple, on est sujet à commettre des erreurs. Il
faut lire ce qui concerne tous les anciens peuples, afin de
pouvoir faire des rapprochemens judicieux.

Il n'y avait donc guère que quatre cents ans que les Celtes
ou Gaulois, ainsi que les Celtibériens, s'étaient fixés dans la
Gaule, lorsque les Phocéens, 600 ans avant l'ère chrétienne,
abordèrent à Marseille sous la conduite de Sinos et d'Euxène.
On a dit de Protis ; mais celui-ci était fils d'Euxène.

En effet, les Phocéens trouvèrent les Gaulois ou Celtes
sans ombre de civilisation. Ils menaient une vie errante, et
campaient sous des tentes. L'on doit même être étonné que
des peuples qui s'étaient fixés dans un pays depuis quatre
cents ans, n'aient pas pensé à y cultiver la terre et à s'y con-
struire des habitations à demeure.

Ammien Marcellin, qui écrivait dans le quatrième siècle
de l'ère vulgaire, déclare que de son tems on ne connaissait
rien de positif sur les Gaulois avant la fondation de Rome ;
on sait qu'elle eut lieu en 753 avant l'ère chrétienne. Ainsi
il est vraisemblable que la Gaule n'a pas été habitée plus de
1000 ans avant J.-C.

Ce que dit Diodore de Sicile au sujet de la fondation d'Alise, dans le pays des Mandubiens (Bourgogne), par Hercule, fils d'Amphitryon, est une des fables de cet historien si peu judicieux. Nous rendons justice à M. de Jouffroi; il rapporte cette tradition sans l'affirmer. Ce sont sans doute les Romains qui, pour rehausser l'éclat de leur victoire, auront répandu le bruit qu'Alise avait été fondée par Hercule. Mais ceux qui auront lu Diodore de Sicile auront rapporté de lui cette fable. Cependant M. de Jouffroi semble induire des expéditions de Bellovèse et de Sigovèse, que la nation gauloise était nombreuse en l'an 600 avant J.-C., parce qu'il avait sous ses ordres cent cinquante mille hommes.

L'AUTEUR.

Bellovèse franchit les Alpes et descendit comme un torrent dans le pays des Tauriniens (le Piémont). Il en chassa les Tusces, qui en avaient eux-mêmes chassé les Ombriens. Les Tusces se réunirent cependant peu après pour défendre leur territoire, et livrèrent bataille à Bellovèse sur les rives du Tésin; mais ayant été complètement défaits, une partie d'entre eux se réfugia dans les Alpes, et s'y fixa. Leurs descendans, les Grisons, occupent encore ce pays.

Bientôt tout le nord de l'Italie devint la proie de Bellovèse. Ses succès attirèrent sur ses traces de nouvelles troupes de Gaulois, qui formèrent dans cette belle contrée un grand nombre d'établissemens. Les historiens s'accordent à leur attribuer la fondation de Vérone, Milan, Brescia, Vicence, Trente, Bergame.

LE CRITIQUE.

Ce que vous venez d'exposer n'est point contesté. Bellovèse, avec ses cent cinquante mille hommes, s'empara du Piémont, et défit complètement les Tusces.

Avant d'entrer dans d'autres raisonnemens, nous sommes forcés de relever une erreur grammaticale qui se trouve dans ce passage. Nous autres Français, nous ne pouvons apporter trop de sévérité dans l'observation de nos règles grammaticales, principalement lorsqu'il s'agit d'un ouvrage digne de passer à la postérité. En règle générale, un mot ne doit jamais être abandonné à lui-même; il doit toujours être précédé d'un article ou d'une préposition; il fallait donc dire : les historiens s'accordent à leur attribuer la fondation *de* Vérone, *de* Milan, *de* Brescia, *de* Vicence, *de* Trente et *de* Bergame. Mais ce ne fut que long-tems après leur séjour en Italie qu'ils y fondèrent ces villes; ils y menèrent encore une vie pélasgienne. Enfin induiriez-vous de ce que Bellovèse avait cent cinquante mille hommes sous ses ordres, que la nation gauloise était très-nombreuse? Vous seriez dans l'erreur. Dans ce tems, ce n'était pas un roi qui mettait, comme aujourd'hui, une armée sur pied pour aller conquérir un pays, et le réunir à son royaume; c'était au contraire une partie de la nation qui se réunissait sous un chef, pour aller se fixer ailleurs. Or, cent cinquante mille hommes ne prouvent pas que la nation était nombreuse. Cela démontre seulement que ces Gaulois, attirés par la douce température de l'Italie et par la fertilité du sol, quittèrent une contrée où ils ne possédaient rien en propre, où ils n'avaient aucune habitation, pour aller se fixer dans une autre où ils espéraient avoir plus de ressources.

L'AUTEUR.

Les irruptions de la Gaule en Italie se prolongèrent pendant deux siècles. Au bout de ce tems, on voit que la domination de ces conquérans s'était étendue et affermie.

LE CRITIQUE.

Cela est certain. En l'an 400 avant l'ère chrétienne, les

Gaulois étaient affermis en Italie. Mais ce n'est pas un motif de juger que la nation gauloise était nombreuse. Lorsque les Cimbres sortirent de l'Helvétie, c'était la nation entière qui se mettait en mouvement. Il en fut de même des Lombards lorsqu'ils vinrent en Italie. Ainsi nous devons conclure que sous la conduite de Bellovèse et sous celle de Sigovèse, une grande partie de la nation quitta volontairement la Gaule.

Les Gaulois en Italie y menèrent encore environ un siècle une vie pélasgienne, et à l'exemple des peuples de l'Italie, ils partagèrent entre eux cette contrée, et eurent chacun des propriétés. Ils y bâtirent des cabanes, où l'on éleva dans la suite des villes.

L'AUTEUR.

On les distinguait en quatre états principaux.

LE CRITIQUE.

C'est-à-dire qu'ils formèrent quatre principaux états en talie.

L'AUTEUR.

Ceux qui occupaient le Milanais et une partie du Piémont se nommaient *Insubriens*. Les Cénomans possédaient tout le reste de la haute Italie, depuis la rive gauche du Pô. Les Boïens et les Lingons se partagèrent le territoire situé entre ce fleuve et les Apennins; les Sénonais les plus avancés de tous vers le midi, étaient maîtres de la Romagne jusqu'au promontoire, où une colonie de Syracusains fugitifs venait de fonder la ville d'Ancône.

LE CRITIQUE.

Tout cela ne prouve pas que la nation gauloise était nombreuse. Lisez César ; il vous dira que quand il attaqua Vercingétorix, ce chef fit sonner le tocsin dans toute la Gaule ; que les Éduens, auparavant ses alliés, l'abandonnèrent pour s'allier avec Vercingétorix. Eh bien, quel fut le nombre des combattans de ce chef des Gaulois? Il n'avait pas plus de quatre cent mille hommes qui, heureusement pour César, s'enfermèrent dans la ville d'Alise, et furent massacrés dans la plaine des Loms ou des Larmes, entre le mont Afrique et le mont Auxois, sur lequel était Alise. Il est constant que la partie méridionale de la Gaule a été civilisée la première. Les Celtibères, qui franchirent les Pyrénées avant que les Romains, attirés par les Marseillais, n'y pénétrassent, avaient élevé Toulouse, et ce pays, jusqu'aux Pyrénées, était cultivé.

L'AUTEUR.

Tel fut le résultat de la plus ancienne expédition de nos ancêtres dont l'histoire ait gardé le souvenir. Ce fut alors, pour la première fois, que les nations chez lesquelles l'écriture était en usage eurent des rapports directs avec les peuples sortis de l'intérieur de la Gaule. Les conquérans de l'Italie se nommaient entre eux *Celtes ;* les historiens latins les appelèrent *Gaulois ,* et toute la contrée qu'ils occupaient fut nommée Gaule Cisalpine, parce qu'elle se trouvait située en deçà des Alpes, relativement aux Romains.

LE CRITIQUE.

Cette relation est très-exacte. Mais le nom de Gaulois, ainsi que vous le remarquez dans vos notes, ne leur fut donné que plus tard. Hérodote, qui écrivait 130 ans après l'expédition de Bellovèse, appelle *Keltes* (Celtes) tous les peuples qui habitaient l'occident de l'Europe, à l'exception des *Ibères* ou *Cynètes.* Strabon, dans sa Géographie, liv. IX, rapporte que les anciens auteurs grecs appelaient *Scythes* et *Kelto-Scythes ,* tous les peuples du Septentrion.

Polybe, qui écrivait 150 ans avant l'ère chrétienne, est le premier qui distingue les Celtes des Gaulois. Il dit que ces derniers sont en Italie, et les Celtes au-delà des Alpes jusqu'aux Pyrénées. Mais c'est de sa part une erreur ; Plutarque, Ptolémée, Étienne de Byzance et Jules-César disent que tous les Gaulois étaient *Celtes* et tous les Celtes *Gaulois*. Les Romains nommaient *Gaulois* ces peuples qui se donnaient entre eux la dénomination de *Celtes*. Mais l'auteur ne se tromperait-il pas au sujet de Sigovèse ?

L'AUTEUR.

L'expédition de Sigovèse eut des suites *moins importantes*. Deux cents ans après l'établissement de ces Gaulois dans la Hongrie, une partie d'entre eux se portèrent vers le Midi, ravagèrent la Macédoine, l'Étolie ; franchirent l'OEta, assiégèrent Delphes ; une autre partie s'établirent au confluent du Danube et de la Save, et formèrent la colonie des Gaulois scordisques.

LE CRITIQUE.

Il nous semble qu'au lieu de dire : *une partie se portèrent*, il serait préférable de s'exprimer ainsi qu'il suit : les uns se portèrent vers le Midi, les autres... plusieurs pénétrèrent en Asie en traversant la mer, assujettirent tout le pays jusqu'au mont Taurus, et fondèrent, dans la Phrygie, dans la Bithynie, dans la Paphlagonie, dans la Cappadoce, un état qui devint célèbre sous le nom de Galàtie ou de Gallo-Grèce.

L'AUTEUR.

Pendant plusieurs siècles, ces Gaulois semblèrent disposer des couronnes de l'Orient ; les rois, successeurs d'Alexandre, tremblaient devant eux et briguaient leur appui et leur alliance. Les Galates s'unirent à Mithridate pour faire la guerre aux Romains. Leur empire fut conquis par Pompée, qui leur conserva une ombre de liberté. Ils furent enfin subjugués entièrement sous Auguste, qui fit de la Galatie une province romaine.

LE CRITIQUE.

Les Gaulois de Sigovèse firent donc des choses aussi importantes que ceux commandés par Bellovèse. Ceux-ci furent subjugués entièrement par les Romains, tandis que le royaume de Galatie subsistait encore; mais ce ne fut qu'une partie des guerriers de Sigovèse qui passèrent en Asie; les autres, sous le nom de Francs, revinrent établir, dans la Gaule même qu'ils avaient quittée, une puissante monarchie qui fit trembler l'univers à diverses époques. L'auteur parle ensuite d'autres Scythes, les Cimbres, qui donnèrent leur nom à la Chersonèse cimbrique et pénétrèrent jusqu'en Scandinavie, tandis que d'autres tribus de ces mêmes guerriers s'avancèrent jusqu'à la Hollande et au Rhin, et se répandirent comme un torrent jusqu'aux rives de la Marne et de la Seine, où ils s'établirent. Les Celtes les nommèrent *Belges* ou habitans des Pays-Bas. Il dit que ces guerriers trouvèrent, à leur arrivée, la Gaule septentrionale occupée par les Bretons, tribus celtiques, et qu'ils les subjuguèrent; que cependant un grand nombre de ces Bretons, pour éviter leur joug, passèrent la Manche, et se réfugièrent dans l'île d'Albion, qui prit à cette occasion le nom de Bretagne, 3o͞o ans avant l'ère chrétienne. Il ajoute que les Celto-Cimbres y pénétrèrent à leur tour; s'emparèrent du plat pays (l'Angleterre) et forcèrent les Bretons à se retirer dans le nord de l'île et en Irlande. Ces assertions sont fondées et appuyées de pièces justificatives que l'auteur de cette histoire importante a soin de rapporter.

Il arrive enfin aux premiers établissemens des Romains dans la Gaule, et il s'exprime ainsi :

L'AUTEUR.

A l'époque dont nous parlons (150 ans avant J.-C.), Marseille avait agrandi son territoire et fondé des colonies. Antibes et Nice furent attaquées par les Salluviens et les Liguriens, peuples voisins, jaloux de la prospérité de ces villes. Les Marseillais implorèrent, à titre d'anciens alliés, le secours des Romains. Le sénat se hâta d'envoyer dans la Gaule méridionale le consul Opimius avec une armée. En une seule campagne, il délivra les villes assiégées ; il défit les Salluviens, enleva leurs armes, donna aux Marseillais une partie de leur territoire, et retourna en Italie.

Plusieurs années après (125 ans avant J.-C.), les Salluviens se rassemblent pour revendiquer leurs héritages ; Marseille, inquiète et menacée, sollicite de nouveau l'assistance de Rome ; le consul Fulvius accourt avec ses légions, repousse les Gaulois, et sauve la république phocéenne ; mais, depuis ce moment, les Romains ne quittent plus le sol de la Gaule. L'année suivante, le consul Sextius remporte sur les Salluviens une éclatante victoire. Il s'empare au nom de Rome du terrain sur lequel il a combattu ; il y existait une source d'eaux thermales ; il y fonde, pendant l'hiver, une colonie qui porte son nom *Aquæ Sextiæ* (Aix en Provence). Ce fut la première ville que les Romains possédèrent dans la Gaule. Elle devint dès-lors leur place d'armes et le centre de leurs opérations militaires dans ces contrées.

Les dissensions intestines qui agitaient perpétuellement la Gaule, et le caractère inquiet, indocile et léger des Gaulois, favorisèrent sans doute les Romains dans cette entreprise.

LE CRITIQUE.

Tout ce que vous venez de dire est appuyé de témoignages

incontestables ; conséquemment nous n'avons rien à répliquer.

L'AUTEUR.

Les Allobroges, peuple de la Savoie et les Arvernes (Auvergnats) étaient en guerre avec les Éduéens, habitans de la Bourgogne (120 ans avant J.-C.). Le consul Domitius, qui venait de remplacer Sextius, entretient habilement ces discordes ; il s'allie avec les Éduens ; il promet de les secourir et d'appuyer leurs prétentions ; il obtient ainsi contre les peuples qui l'entourent, l'appui d'un peuple encore éloigné du théâtre des conquêtes romaines. Le sénat, fidèle à la politique du capitole, s'empresse de confirmer le traité fait par le consul. Les Éduens sont déclarés frères et amis des Romains, afin qu'ils aident à subjuguer d'autres Gaulois, leurs compatriotes, jusqu'au moment où, réduits presque à leurs seules ressources, ils seront forcés de devenir à leur tour la proie du peuple roi.

LE CRITIQUE.

L'auteur rapporte ensuite que Domitius vainquit ces peuples au confluent de la Sorgue et du Rhône ; mais que Bituitus, leur roi, s'avança contre les Romains à la tête d'une puissante armée, qu'il leur livra bataille sur la rive gauche du Rhône, vis-à-vis l'embouchure de l'Isère, et que Fabius Maximus, chargé cette année de la conduite de la guerre, remporta une victoire éclatante.

Il dit que, deux ans après cet événement, un sénatus-consulte réduisit en province romaine tous les pays conquis dans la Gaule (118 ans avant J.-C.), et que le consul Marcius fonda, sur ces entrefaites, la colonie de Narbonne, qui devint la capitale de la Gaule narbonnaise. Elle comprenait les pays qu'on a depuis appelés la Provence, le Languedoc, le Dauphiné, la Savoie, le Valais.

Il parle ensuite de l'invasion faite (l'an 112 avant J.-C.), par les Cimbres restés dans la Scandinavie ; il ajoute que les Celtes boïens, qui occupaient la Bohême depuis l'expédition de Sigovèse, s'opposèrent à leur passage, et que les Cimbres tournèrent par la Silésie, traversèrent la Moravie et passèrent le Danube vers l'endroit où Vienne a été bâtie depuis. Il dit qu'ils descendirent de là vers la Drave et la Save, et qu'ils furent repoussés par les Taurisques et par les Scordisques, tribus de Celtes ; qu'ils se replièrent sur la Noricie (la Bavière) et détruisirent l'armée du consul romain, Papirius Carbon, qui avait été chargé d'arrêter leur invasion. Après cette victoire, M. de Jouffroi les fait descendre vers la Gaule où ils furent repoussés par les Belges. Alors il rapporte de quelle manière ils s'allièrent avec quelques peuples de l'Helvétie, et se livrèrent au pillage pendant cinq ans malgré les efforts des consuls Silanus, Scaurus et ceux de Cassius qui périt dans le combat qu'il leur livra. En l'an 106 avant l'ère chrétienne, les Cimbres se répandirent à l'est et au midi de la Gaule, et les Gaulois, au lieu de former une confédération générale pour repousser les étrangers, réclamèrent le secours des Romains à qui ils permirent de placer des garnisons pour les défendre dans quelques cités gauloises. La ville de Toulouse, capitale des Celtes Tectosages, renfermaient une de ces garnisons. Mais les habitans, bientôt mécontens de ces alliés, les désarmèrent et les chargèrent de fers. Le consul Cépion, qui commandait alors dans la Gaule, accourut avec une armée, s'empara de Toulouse, emporta les trésors immenses que cette ville contenait, et la réunit avec son territoire à la province narbonnaise. Tous ces faits sont rapportés avec beaucoup de clarté et de précision par M. de Jouffroi.

L'AUTEUR.

Peu après (105 avant J.-C.) ce même Cépion et son collègue Mallius sont défaits par les Cimbres sur les bords du Rhône. Quatre-vingt mille Romains et quarante mille esclaves sont taillés en pièces ; à peine dix mille hommes échappent au carnage. Les Cimbres victorieux pénètrent ensuite jusqu'en Espagne, où les Celtibères soutiennent leur choc et les repoussent en deçà des Pyrénées (l'an 104 avant J.-C.).

Le sénat, au comble de l'effroi, donne enfin le commandement des armées dans la Gaule au célèbre Marius. Ce grand homme de guerre remporte une éclatante victoire sur les Cimbres et les Helvétiens, près d'Aix en Provence.

LE CRITIQUE.

L'auteur rapporte avec précision le lieu où se donna la bataille en l'an 102 ; le nombre d'ennemis qui y périrent ; le courage et la valeur des femmes cimbriques ou teutonnes qui préférèrent la mort à la captivité ; le sacrifice que Marius offrit en reconnaissance aux dieux.

L'AUTEUR.

Les restes de ces peuples se dispersèrent après la bataille ; la plus grande partie d'entre eux remontèrent la Savoie, allèrent dans l'Helvétie prendre des renforts, et traversant les Alpes, se jetèrent en Italie. L'année suivante (l'an 101 avant J.-C.) Marius les défait entièrement dans les plaines de la Lombardie, et les faibles restes sauvés du combat se réfugient dans des montagnes presque inaccessibles, où leurs descendans subsistent encore aujourd'hui. Telle fut la fin de la fameuse expédition des Cimbres, qui menaçait l'existence de la république romaine dans sa splendeur, et qui aurait pu, du moins, sauver l'indépendance de la Gaule, en procurant une utile diversion, si les Gaulois n'eussent pas été alors affaiblis et dégénérés par des causes que nous aurons à examiner.

LE CRITIQUE.

Dans ses notes, l'auteur démontre que les habitans de Schweits et d'Underwald doivent être considérés comme les descendans de ces Cimbres.

L'AUTEUR.

A peine délivrée de cette redoutable invasion, Rome fut agitée dans son propre sein par les guerres civiles, et passa de la tyrannie de Marius aux proscriptions de Sylla. Pendant quarante années, la Gaule se reposa.

LE CRITIQUE.

L'auteur rapporte ensuite les conquêtes de César, commencées en l'an 60 de l'ère chrétienne. Nous les connaissons. Mais le lecteur jugera qu'il y a bien de la différence entre le style de cet ouvrage et la prolixité de Rollin. Nous allons encore reproduire quelques-unes de ces phrases.

L'AUTEUR.

Ici finit la première époque de l'histoire de nos ancêtres (50 ans avant J.-C.). Conquise par César, la Gaule cessa d'exister comme nation. Devenue province romaine, et portion du grand empire, elle subit d'autres changemens essentiels dans ses institutions, dans ses mœurs et dans son régime intérieur. A la place de la liberté qu'elle avait possédée dans des tems de barbarie, on y vit fleurir la civilisation au milieu de la servitude. Mais, avant de poursuivre le récit de ce que les Gaules éprouvèrent sous la domination romaine, nous devons présenter un tableau de leur situation à l'époque même où elles furent envahies.

État de la Gaule avant sa conquête par les Romains.

LE CRITIQUE.

Ceci n'est pas un objet nouveau, et nous nous contenterons de dire que l'auteur l'a traité avec beaucoup de vérité, avec précision et avec clarté. Mais il nous semble que cet article eût été mieux placé après la géographie de la Gaule. On doit rapporter l'état d'un pays avant de parler de la conquête qui en a été faite. C'est précisément l'état de la Gaule, divisée en trop de tribus diverses, qui a été cause de sa ruine : il fallait donc d'abord en parler. Les Gaulois avaient peu de villes qui pussent présenter de la résistance. Les Éduens, dont Bibracte (Autun) était la capitale, passaient pour un des plus puissans peuples de la Gaule. Les Insubiens leur étaient soumis, et ils possédaient les pays situés entre la Marne, la Seine et la Loire, où sont aujourd'hui les départemens de Saône et Loire, de l'Yonne et de la Côte-d'Or, ainsi qu'une partie de ceux de l'Allier, de la Haute-Saône et de l'Aube. Gergovia (Moulins) ne pouvait opposer que peu de résistance; elle n'était construite qu'en bois, revêtue de paille et de terre argileuse. Bibracte (Autun) était construite de même. Ils n'avaient de villes de défense, qu'*Alexia*, dans le pays des Insubriens, et Alise, située sur le mont Auxois, près du mont Afrique, et à deux lieues de l'endroit où dans la suite on a bâti Dijon. On ne remarquait dans tout le reste de leur pays que des cabanes en bois, isolées, et couvertes de paille et de terre argileuse. C'était la même chose chez les Séquanais, tribu celtique alors peu puissante.

Les *Arvernes* formaient du tems de César une confédération plus puissante; elle dominait dans les pays qui sont entre l'Alliër, les Cévennes et la Garonne, et où sont aujourd'hui les départemens du Puy-de-Dôme, de la Loire, de la Haute-

Loire, de la Haute-Vienne, du Tarn, de l'Aveyron, de la Lozère, du Cantal, du Lot, de la Dordogne, de la Vienne, de la Creuse, de l'Indre, etc. ; mais ils n'avaient pour défense que leurs montagnes, leurs rivières et leur courage. Il n'y avait que *Gergovia*, non loin de laquelle on a construit dans la suite Clermont en Auvergne, qui fût en état de soutenir un siége contre les Romains. Mais Gergovia était si forte que les Romains renoncèrent à la prendre, lorsque Vercingétorix s'y renferma.

Les Bituriges ou les Berruyens occupaient le Berri. Ces peuples, qui formaient, du tems de la fondation de Marseille, une des plus puissantes confédérations de la Gaule sous leur roi Ambigat, n'y avaient plus qu'une faible influence au tems de César. Cependant ils firent preuve d'une valeur extraordinaire au siége de Bourges. Les Gaulois étaient jaloux les uns des autres; lorsqu'ils se réunirent pour l'intérêt commun, il n'était plus tems.

M. de Jouffroi connaît ces détails, et il en fait mention dans ses notes éparses; il dit :

L'AUTEUR.

Les anciens Scythes n'élevaient point de villes; ils ne construisaient pas même de maisons; ils s'abritaient sous des tentes, qu'ils transportaient avec eux dans leurs excursions vagabondes. Les Celtes, qui faisaient partie de cette grande race de nomades, conservèrent le même genre de vie, longtems encore après leur arrivée dans la Gaule. Ils ne songèrent à bâtir que lorsqu'ils se furent adonnés à l'agriculture. Dans les premiers tems, la récolte seule appartenait à ceux qui avaient ensemencé; plus tard le territoire fut considéré comme la propriété commune des familles ou des tribus qui le cultivaient.

LE CRITIQUE.

Cela est vrai. Mais l'auteur oublie de dire que cet ordre
de choses existait encore lors de la conquête de la Gaule par
César. Dans les campagnes, il n'y avait que de misérables
cabanes. L'auteur dit qu'elles étaient entourées de murs,
mais c'est une erreur ; elles n'étaient ceintes que de branches d'arbres qui n'étaient nullement façonnées. Plusieurs
n'étaient seulement entourées que de murs en boue, ainsi
que l'on en voit encore dans la Belgique, aux environs de
Bruxelles.

L'auteur parle ensuite de la religion des Celtes, et il s'exprime ainsi :

L'AUTEUR.

Rétablir l'antique symbole des Celtes, ce sera réunir et
présenter, sous une forme plus claire à la fois et plus rapide, les divers points essentiels de leur croyance, confir-
més par des témoignages et par d'autres preuves que nous
ne négligerons pas de fournir en même tems.

Il est un Dieu unique, auteur et maître de tout ce qui
existe, et auquel l'univers obéit. Ce Dieu n'a pas été créé ;
il n'a point de sexe; il est incorruptible et parfaitement
juste; il est éternel. L'iniquité des hommes excite son cour-
roux, leurs prières l'apaisent. Il doit être adoré perpétuellement; mais on ne peut, sans sacrilége, le représenter sous
une forme humaine ou matérielle. (STRABON, HÉRODOTE,
TACITE, PLUTARQUE, CLYTARQUE, S. AUGUSTIN, DIOGÈNE
LAERCE, VALÉRIUS FLACCUS, ARRIEN, etc.) Il est vénéré sous
le même nom (*Teut* ou *Deut*, *Tis* ou *Dis*, *Thot*, *Tien*,
Theus et *Théos*, *Teutalès*, *Div*, *Devo*, *Deus*), depuis
l'embouchure du Gange jusqu'aux rivages glacés de Thulé,
et depuis les steppes de la Tartarie jusqu'aux Colonnes

d'Hercule. Dieu dirige les choses de ce monde ; il en confie l'administration à des intelligences subalternes qui sont invisibles, *mais qui résident parmi les choses visibles et créées, telles que les montagnes, les rivières, les forêts et les lacs.*

LE CRITIQUE.

Nous ne voyons nullement prouvée cette dernière assertion, et, malgré toutes nos recherches, nous n'avons remarqué nulle part que les Celtes croyaient que des intelligences subalternes résidaient dans les montagnes, dans les rivières, etc. : ce dogme fut celui des Égyptiens, et non pas celui des Celtes ni des Gaulois.

L'AUTEUR.

L'ame de l'homme est une émanation de la divinité ; elle est immortelle. Après s'être séparée du corps, elle obtient une vie meilleure, pourvu que, durant son séjour sur la terre, de certaines conditions aient été remplies. Il n'est pas de moyen plus efficace, pour s'introduire dans les demeures heureuses, que de périr sous le glaive, soit dans les combats, soit de la main des sacrificateurs dans les solennités du culte ; soit *enfin volontairement, afin de suivre dans la tombe des parens ou des maîtres dont ce dévouement honore les funérailles.*

LE CRITIQUE.

Cette croyance était sans doute celle des Scythes, des Celtes et de leurs druides. Tous les auteurs anciens en font foi, tels que Cicéron, Diogène Laerce, Suidas, Thalès, Phérécide de Scyros, Diodore de Sicile, Pausanias, Platon ; César, Hérodote, Pomponius Mela, et principalement Lucain, ainsi que vous le dites. M. de Saint-Martin, dans son

Histoire universelle, rapporte ces faits comme très-certains. Mais il s'est bien gardé de consacrer votre dernier paragraphe. En effet il est contraire au précédent, et les druides étaient bien éloignés d'enseigner que ceux qui périssaient volontairement, afin de suivre dans la tombe des parens ou des maîtres, faisaient une action agréable à Dieu. On n'a jamais trouvé ce dogme que dans l'Indostan.

L'AUTEUR.

Dans l'autre vie, les bonnes et les mauvaises actions seront comptées, les récompenses et les châtimens seront distribués avec une souveraine équité.

Dieu a créé le premier homme; il l'a formé du limon de la terre. Un jour la race humaine disparaîtra, et le globe lui-même sera détruit par l'eau et par le feu.

LE CRITIQUE.

Suétone nous affirme que les druides immolaient des victimes humaines : le fait est certain ; mais cela arrivait seulement dans les grandes calamités. Les Celtes avaient cela de commun avec tous les peuples du monde, et les Israélites n'étaient pas exempts de cette erreur que l'empereur Auguste et Tibère s'efforcèrent d'abolir. Nous ne parlerons pas des fonctions des druides que l'auteur a dû rapporter, parce que ces faits sont en général connus des personnes un peu érudites. Ce qu'il dit des druidesses est appuyé aussi sur des traditions non équivoques. Elles offraient des sacrifices ou égorgeaient des victimes. La garde de quelques lieux vénérés leur était confiée; elles prophétisaient. Il en était ainsi dans la Scandinavie et dans la Germanie : tous ces peuples étaient Celtes d'origine.

L'AUTEUR.

La réputation dont jouissaient les prophétesses gauloises ,

qu'on nommait aussi *fadæ*, le secret qui enveloppait leurs fonctions sacrées, et la puissance surnaturelle que le peuple leur attribuait, répandirent sur elles une mystérieuse vénération, dont la tradition se perpétuait encore après l'établissement du christianisme. Cette tradition, devenue plus vague en traversant les siècles, donna naissance à une sorte de mythologie qui a fourni aux Romains du moyen âge quelques heureuses inspirations, et dont les dogmes superstitieux ou étranges se sont transmis jusqu'à nous dans des récits populaires. Parce qu'un antre avait servi d'asile au culte druidique, soit à l'époque de sa splendeur, soit du tems des persécutions même qui en amenèrent la ruine, l'imagination le peuplait encore, dix siècles plus tard, de dryades et de magiciens. Un souvenir confus de l'autorité antique des prêtresses gauloises leur fit attribuer la prérogative de l'immortalité. Une fée était supposée habiter perpétuellement, ou reparaître en de certaines occasions, dans les lieux où elle avait eu autrefois sa demeure... Il ne faut pas chercher ailleurs l'origine de la fable des fées.

LE CRITIQUE.

Je viens de rapporter ce passage de votre ouvrage pour faire juger que vous n'avez rien oublié pour donner une idée complète des mœurs ou des usages des anciens, soit dans le cours de votre histoire, soit dans vos notes.

L'AUTEUR.

Le culte extérieur des Gaulois comprenait surtout la prière, les sacrifices et la divination, principal objet, en quelque sorte, et complément des deux autres. On faisait des oblations pour se rendre favorable la divinité qu'on invoquait, et ensuite on cherchait à découvrir sa réponse soit dans les entrailles fumantes des victimes, soit en observant

divers phénomènes que les prêtres se chargeaient d'inter-
préter.

LE CRITIQUE.

Cette fatale erreur, cette superstitieuse pratique de ten-
ter la divinité, c'est-à-dire de l'interpeller, a été en usage
chez tous les peuples, et même chez les Hébreux. Gédéon
osa le faire pour savoir si Dieu lui donnerait la victoire
contre les Madianites : et ce qu'il y a de plus singulier, c'est
que ces pratiques superstitieuses existent encore de nos
jours. N'y a-t-il pas lieu de s'étonner qu'il ne soit pas dé-
fendu, sous peines très-sévères, de prédire l'avenir par
les cartes ou par quelques autres pratiques ?

L'AUTEUR.

Les fêtes des Gaulois étaient des solennités religieuses et
politiques ; on les célébrait *la nuit dans les sanctuaires* et
sous la direction des druides.

LE CRITIQUE.

Vous avez dit plus haut avec raison que les Gaulois au-
raient craint d'outrager la majesté divine s'ils eussent paru
la renfermer entre des murailles ; le mot *sanctuaire* est
donc impropre, et vous l'avez employé par inadvertance. Il
fallait dire : On les célébrait la nuit sur les pierres sacrées,
au milieu des forêts ; d'ailleurs vous veniez de le dire : « On
» plaçait, aux points où les chemins se croisaient, des
» pierres sacrées qui servaient à la fois de limites entre les
» tribus, de moyens d'indication pour les voyageurs, et
» d'autels pour les sacrifices. »

Les solennités politiques n'avaient pas lieu toujours la
nuit ; elles se tenaient indifféremment le jour : les solennités religieuses se célébraient toujours la nuit, et les juge-

mens se rendaient aussi au milieu des flambeaux. L'origine des tems, ainsi que vous le dites dans vos notes, datait pour eux de la nuit qui précéda le premier jour. De là les Gaulois, les peuples septentrionaux ou occidentaux, prirent ainsi l'habitude de compter par nuits dans leurs actes civils. Les rois des Francs, des Bourguignons, des Saxons, consacrèrent cette formule : « L'accusé est assigné pour compa-
» raître dans dix, quatorze ou vingt nuits. »

Cet usage se conserva sous la dynastie Carlovingienne.

Vous dites que la nuit rendait plus imposans aux yeux de la foule les rites de ces solennités; mais vous n'indiquez pas le principal motif de cet usage. Le voici :

Nos ancêtres avaient presque toujours dans l'esprit l'idée de la Divinité et du déluge ; aussi les prières, les sacrifices étaient toujours lugubres, et la nuit, les flambeaux augmentaient encore le recueillement et le deuil. Enfin c'était encore la nuit que ces expiations avaient lieu, parce que les hommes avaient cessé leurs travaux. Mais ces solennités religieuses ne se terminèrent par des danses et des festins que quand les Romains eurent envahi les Gaules.

L'AUTEUR.

La principale fête avait lieu au commencement de chaque printems ; c'était le champ de mars ou de mai, dans lequel les tribus gauloises discutaient plus particulièrement les grands intérêts de la confédération celtique, et les projets de défense et d'invasion.

LE CRITIQUE.

Cela est vrai. Charlemagne rétablit cette coutume, tombée en désuétude.

L'AUTEUR.

Leur année commençait le soir du sixième jour de la .

lune ; le clergé apportait une grande importance à cette date, et les traditions en ont subsisté jusqu'à présent. Le chef des druides, accompagné des membres de son ordre et d'une foule de peuple, se rendait en pompe au milieu d'une forêt, pour y cueillir le gui, plante parasite qui croît spontanément sur les chênes, et à laquelle les Gaulois attribuaient beaucoup de vertu. Arrivés au pied de l'arbre désigné, les druides commençaient la cérémonie par la prière et par les sacrifices ; le grand-prêtre cueillait ensuite le gui avec une serpette d'or, le bénissait et le distribuait aux assistans, qui le gardaient soigneusement dans *leurs maisons* comme un préservatif contre tous les fléaux...

LE CRITIQUE.

Ce fait est certain ; mais l'auteur a employé improprement le mot *maisons;* il eût été préférable de dire dans leurs cabanes. Il ne dit pas à quelle époque on cessa de compter par nuits ; sans doute il le dira dans le cours de son histoire. L'auteur dit ensuite que les Celtes, avant de commencer une entreprise, ne négligeaient pas de faire prendre par les druides les auspices qui résultaient de divers incidens regardés comme fortuits ; et que d'autres divinations conformes peut-être à des traditions plus antiques, se tiraient du vol des oiseaux, et d'après Tacite, du hennissement des chevaux, de l'aboiement des chiens. Il accompagne tous ces faits de notes prises dans divers auteurs, et qui sont très-judicieuses. Montrons, maintenant, avec quel art il traite l'usage de l'excommunication chez les druides.

L'AUTEUR.

Dans une contrée où, presque à tous égards, le pouvoir était le partage des ministres du culte, il leur était venu naturellement à l'esprit d'imposer le plus redoutable des châtimens. Si quelqu'un osait blâmer les décisions des Druides, ou essayer de se soustraire à leur pouvoir, ils prononçaient contre le téméraire une excommunication qui l'excluait des assemblées religieuses, en l'écartant des fonctions publiques : elle attachait à son nom un opprobre qui faisait éviter son approche par ses parens mêmes. Cette interdiction entraînait la perte de tous les droits civils par une conséquence de principes théocratiques. La justice se rendait dans les *sanctuaires* druidiques, et l'excommunié ne pouvait y paraître. Les délibérations politiques avaient également lieu sous l'influence des solennités religieuses, dans les enceintes consacrées, devenues impénétrables pour celui qui était anathème. Il se voyait donc rejeté de toutes parts, et frappé de mort civile.

Malgré l'indulgence chrétienne, l'Église a quelquefois imité, quant à sa police intérieure, les sévérités de la législation des druides. Ceux qui cherchent dans ce rapport une occasion de reproches contre le clergé, ne considèrent pas que l'autorité, quelque légitime qu'en soit le fondement, ne pourra jamais s'exercer que selon des moyens pris dans les mœurs publiques. Heureux le peuple chez qui l'on parviendrait à remplacer par une sentence d'excommunication toujours révocable, et l'horreur des supplices et celle des cachots plus funeste encore.

Tels étaient les ressorts principaux et les abus invétérés de la religion druidique.

LE CRITIQUE.

On remarquera sans doute comme nous que cet article est bien traité. Nous ajouterons qu'il paraît que cette religion était celle de tous les Scythes, dont les Gaulois ou les Celtes étaient une tribu, et que les Scythes, nommés *Germains* par les Romains à cause de leur origine commune, se conduisaient et pensaient de même. Nous regrettons qu'il n'ait pas parlé de l'habillement des Druides et de leurs rites.

L'auteur a soin de démontrer que le polythéisme ne s'introduisit qu'à Marseille et dans Arles, et que ce furent les Grecs qui en apportèrent le dogme. Il ne dit qu'un mot de la législation, et il ajoute qu'elle était entièrement dans les mains des druides, et il passe rapidement à l'état des personnes. Voici comme il s'exprime à ce sujet.

L'AUTEUR.

On reconnaissait dans les Gaules trois classes très-distinctes des individus:

Les *druides*, qui étaient à la fois législateurs, prêtres et magistrats;

Les *chevaliers*, qui assuraient l'exécution de ce qui avait été décidé dans les grandes assemblées;

Les *hommes du peuple*, qui étaient réduits par les actions des deux premiers ordres à se faire les cliens ou les serviteurs des hommes puissans et riches.

Dans cette dernière classe, agitée par les mécontens des deux premières, César trouva les principes d'insurrection nécessaires dans ses projets de conquête.

LE CRITIQUE.

Ce passage nécessite un examen sérieux. Nous croyons que les druides avaient une grande influence dans la législation; mais ils n'étaient pas les seuls législateurs. Les chevaliers, dans les grandes assemblées de la nation, avaient voix délibérative. Les druides étaient prêtres et magistrats, et c'est sous ce dernier rapport que souvent ils mécontentaient les chevaliers, chargés de l'exécution des délibérations des grandes assemblées. De là, des agitations parmi le peuple de la part des deux premiers ordres. Les druides excitaient les plébéiens contre les chevaliers mécontens, et les cliens de ceux-ci les défendaient contre les entreprises des druides.

Cependant on remarquera que cette introduction offre peu de matière à la critique, et que, puisqu'elle est muette au sujet des faits anciens où elle aurait pu trouver plus d'alimens, le fond de l'histoire même se bornera probablement à une simple analyse dans notre livraison du mois d'août prochain. Cette histoire de France est bien mieux conçue que celle de Mézeray et du père Daniel, qui ne font connaitre ni les mœurs ni les progrès successifs de la civilisation. Des rapports de faits, comme l'ouvrage de M. Lacretelle, et autres, ne méritent pas le nom d'*histoire*: ce ne sont que des chroniques, où l'on remarque beaucoup d'erreurs. Nous aurons occasion de le démontrer.

L'Histoire de France de M. le comte Achille de Jouffroi n'est imprimée qu'à trois cents exemplaires. Elle se public en huit livraisons, du prix, les planches comprises, de vingt-cinq francs chacune.

Ces livraisons paraissent de quinze jours en quinze jours, depuis le 1ᵉʳ avril 1830.

HISTOIRE DE FRANCE, par *Anquetil*; continuée par *Fayot*. In-18, à 60 c. le volume.

Il y a long-tems que l'ouvrage d'Anquetil est jugé. Il a reproduit un grand nombre d'erreurs de Vély, et cette chronique, et non pas *cette histoire*, occuperait plus de quatre volumes de critique. Nous y renonçons, mais nous allons examiner la continuation par M. Fayot.

HISTOIRE DE FRANCE, depuis 1793 jusqu'à l'avènement de Charles X ; par *Fayot*.

Le 23 mai dernier, le *Journal de Paris* a voulu rendre compte avantageusement de cet ouvrage, et, pour le faire juger en bien, il a rapporté une description très fausse que l'auteur fait du côté gauche de la chambre de la Convention, qu'on nommait *la Montagne*, parce que s'y plaçaient les plus furieux démagogues, qui se disaient à la hauteur des principes révolutionnaires. C'est donc une des meilleures peintures de ce prétendu historien, parce qu'on la cite de préférence à toutes autres. Mais elle est écrite avec le style d'un écolier plutôt qu'avec un style correct, qui doit être celui de l'histoire. Nous allons en rendre juges nos lecteurs.

L'AUTEUR.

Là se rendaient comme à des postes militaires ceux qui avaient la passion de la liberté et peu la théorie.

LE CRITIQUE.

La théorie de quoi? est-ce de l'art militaire ou de la liberté? vous avez sans doute voulu dire : *ceux qui avaient la passion plutôt que la théorie de la liberté.* Mais est-ce qu'il y a des théories de *liberté?* la liberté est-elle un art ou une science? on dira bien : la théorie de l'art militaire, de l'agriculture; mais la liberté n'est pas une science, ce n'est qu'un instinct, un sentiment naturel. Votre style est donc très-incorrect; votre pensée est donc fausse.

L'AUTEUR.

Ceux qui croyaient l'égalité menacée ou même rompue par la grandeur des idées et l'élégance du langage.

Et plus bas.

Là siégeaient quelques esprits qui avaient pris dans les sciences exactes de la roideur en même temps que de la rectitude. Fiers de posséder des lumières immédiatement applicables aux arts mécaniques, *ils étaient bien aises* de se séparer, par leur place comme par leur dédain, de ces hommes de lettres, dont les lumières ne sont pas si promptement utiles aux *tisserands* et aux *forgerons,* et n'arrivent aux individus qu'après avoir éclairé la *société toute entière.*

LE CRITIQUE.

Quelle fausse idée! Mais est-ce que ces phrases n'impliquent pas contradiction ? les uns *redoutaient la grandeur des idées et l'éloquence du langage,* et ils siégeaient cependant à côté de ceux *qui avaient pris de la rectitude dans les sciences exactes.* Ils ne croyaient donc pas l'égalité rompue par l'élégance du langage. Croyez-vous donc que les connaissances de ces hommes empêchaient qu'ils ne fussent considérés républicains? est-ce que Marant de Bulgnéville et tant d'autres démagogues peu instruits, qui siégeaient au côté gauche, pensaient que Carnot ne fût pas élevé à la hauteur des principes révolutionnaires, parce qu'il était mathématicien? les hommes peu instruits du côté gauche aimaient à voir dans leur parti des hommes en état de défendre leurs principes révolutionnaires. Est-ce que vous croyez que les mathématiciens méprisent les hommes de lettres, les jurisconsultes; que Carnot méprisât Merlin et Mailhe, qui fit le rapport contre Louis XVI, et qui rédigea son jugement? vous êtes bien dans l'erreur; ils étaient amis et siégeaient du même côté parce qu'ils avaient les mêmes principes; ils *n'étaient donc pas bien aises* de se séparer. Mais est-ce que vous ne sentez pas la trivialité de ces mots *étaient bien aises?* Lorsqu'on veut faire une peinture, ne doit-on pas employer des termes techniques, et des expressions nobles? du moins, telle est notre manière de voir!

Jamais l'on n'a cru que, pour être égaux, les hommes dussent être tous ou absolument ignorans ou absolument instruits. Ce n'est pas de cette égalité qu'il s'agissait. On demandait d'être égaux, non en savoir ou en érudition, mais en droits, afin de pouvoir rompre tous les droits. Les démagogues, loin de croire l'égalité menacée par l'élégance du langage, ne donnaient au contraire leurs suffrages qu'à des hommes exagérés dans leurs principes, à ces avocats révolutionnaires qui avaient su les séduire par leur sophistique éloquence, à Merlin de Douai, à Robespierre, à Mailhe, à Barrère et à tant d'autres.

L'égalité absolue n'a jamais été considérée que comme une chimère, sans quoi il eût fallu déclarer la guerre à la nature même. En effet, nous crée-t-elle absolument égaux? n'y a-t-il pas autant de caractères différens qu'il y a d'hommes? mais allons plus loin et prenons les choses plus près du berceau; ne naissons-nous pas les uns avec un physique bien proportionné, et les autres avec un corps laid et difforme? qu'y a-t-il de plus bizarre que la nature?

Dans l'ordre social, on ne peut pas plus être absolument égaux. Ne faut-il pas des chefs pour commander, et des hommes pour obéir ou pour servir? citez-nous un siècle dans lequel on ait mis ce principe en doute! Lycurgue même, ce fameux législateur de Lacédémone, avait-il pu rendre les Lacédémoniens absolument égaux? non sans doute, il y avait des rois dans sa république, des généraux et des soldats. Il avait même encore été forcé d'admettre d'autres distinctions.

Vous pensez donc encore que les lumières n'arrivent aux individus qu'après avoir éclairé la société toute entière? cela est encore faux : les lumières arrivent d'abord aux individus avant d'éclairer la société *toute entière*. Qu'est-ce que la société? C'est une réunion d'individus; les tisserands et les forgerons en font partie; mais les lumières ne parviennent guère à ceux-ci; ils imitent plutôt qu'ils ne perfectionnent; et, pour imiter, ne faut-il pas que d'autres individus, les manufacturiers, les fabricans, les mécaniciens soient instruits avant eux? d'autres ne s'occupent guère qu'eux de mécaniques; il ne faut donc pas que toute la société soit instruite de l'art du tisserand et de l'art du forgeron, pour que les lumières qui les concernent leur parviennent.

Votre style est donc le style d'un écolier qui fait une amplification, en donnant l'essor à son imagination, sans penser à rectifier ses idées. Ce n'est pas là le style de l'histoire; vous n'avez donc pas pris de la rectitude dans les sciences exactes? pour écrire l'histoire, il faut en avoir plus que vous ne nous en témoignez. Mais examinons s'il n'y aurait pas quelque chose de mieux dit, de mieux tracé dans votre déscription.

L'AUTEUR.

Ceux qui, élus dans les hameaux et dans les ateliers, ne pouvaient reconnaître un républicain que sous le costume qu'ils portaient.

LE CRITIQUE.

Vous voulez donc faire juger à la postérité que le peuple Français avait élu des ouvriers pour le représenter à la Convention nationale? ce serait lui donner une opinion bien fausse. Il y avait des manufacturiers, des fabricans, des marchands. Mais ne dirait-on pas, à vous entendre, que ces hommes n'avaient jamais porté que des carmagnoles et des sabots? cependant ils n'adoptèrent ce costume que pour plaire à la multitude qu'ils cherchaient à égarer. S'ils affectaient de porter la mise des ouvriers ; si l'on voyait les ministres en sabots et en redingotes déchirées, c'était pour plaire à ces gens de sac et de corde qu'ils tutoyaient, avec lesquels ils se familiarisaient et buvaient au milieu des rues de la capitale, pour en faire les instrumens de leurs horribles attentats. Il ne faudrait pourtant pas encore induire de ces faits qu'on regardât comme aristocrates tous ceux qui ne s'affublaient pas d'une carmagnole et de sabots. Robespierre, avocat d'Arras, était le premier monstre de cette assemblée, et il ne portait ni carmagnole ni sabots. Il avait au contraire les cheveux bouclés et la tête couverte de poudre.

L'AUTEUR.

Ceux qui, entrant pour la première fois dans la carrière de la révolution, avaient à signaler cette impétuosité et cette violence par lesquelles avait commencé *la gloire* de presque tous les grands révolutionnaires. Ceux qui, jeunes encore et plus faits pour servir la république *dans les armes* que dans le sanctuaire des lois...

LE CRITIQUE.

On ne sert pas un état *dans les armes*, mais dans le parti des armes, ou dans les camps.

La *gloire* ! Est-ce qu'il y a de la gloire à commettre des crimes ? dites donc la *réputation*. Mais votre proposition est très-fausse. Les députés qui n'avaient siégé ni dans l'Assemblée constituante, ni dans l'Assemblée législative, et qui venaient d'être nommés à la Convention nationale, n'y avaient été élus que parce qu'ils avaient donné, dans leur pays, de grandes preuves de leur démagogie. Leur réputation était faite.

Ils se placèrent au côté gauche de la Convention, parce que les hommes animés d'un même esprit cherchent toujours à se réunir. Bresson de Darnay, département des Vosges, et plusieurs autres, étaient jeunes. Cependant jamais ils ne s'étaient distingués par leur fureur; ils faisaient, comme bien d'autres, les républicains, pour obtenir le repos, et ne se placèrent pas de ce côté. Sous tous les points de vue votre idée est donc fausse.

L'AUTEUR.

A ce côté gauche, allaient encore chercher un asile plutôt qu'une place plusieurs de ces députés qui, ayant été élevés dans les castes *proscrites de la noblesse ou du sacerdoce, étaient toujours exposés aux soupçons.* Là, allaient se nourrir de leurs défiances et vivre *au milieu des fantômes,* les caractères graves et mélancoliques, qui, ayant aperçu trop souvent *la fausseté unie à la politesse,* ne croient à *la vertu* que lorsqu'elle est *sombre,* et à la liberté que lorsqu'elle est farouche.

LE CRITIQUE.

Que de mots pour ne rien dire! Que d'idées fausses! Les nobles et les prêtres qui étaient députés à la Convention, (et le nombre en était petit) se placèrent dans les bancs de La Montagne, non pour fuir l'accusation de ne pas atteindre à la hauteur des principes, mais parçe qu'ils étaient du nombre des principaux auteurs des troubles et de la démagogie.

Mais est-ce que vous prendriez la politesse pour la vertu? *Vivre au milieu des fantômes.* Est-ce que c'étaient des êtres fantastiques ces furieux démagogues du côté gauche de la Convention? Personne ne parlait plus et ne s'agitait plus qu'eux. Ce n'est pas de ce côté qu'on trouvait la sombre vertu, qui s'effarouche d'un mot, d'un geste; l'on n'y remarquait que le vice et le crime, la fausseté, la rudesse, l'ambition, l'orgueil sous le bonnet rouge.

I.7

Ou bien, avez-vous voulu dire qu'ils allaient de ce côté se repaître de leurs chimères? Alors votre idée aurait été mal rendue. L'histoire exige beaucoup de clarté, et repousse les ambiguités.

L'AUTEUR.

Là, enfin, devaient aimer *à voler*, quels que fussent d'ailleurs leur esprit et leurs talens, tous ceux qui, par les ressorts trop tendus de leur caractère, étaient disposés à aller au-delà de la borne qu'il fallait marquer à l'énergie et à l'élan révolutionnaire.

LE CRITIQUE.

Dites-nous donc ce qu'ils aimaient à voler. Vous répétez la phrase citée plus haut; *Ceux qui jeunes encore.....*

Vous dites plus loin que la Vendée était pacifiée lors de la dissolution de la Convention; cela n'est pas exact : les troubles n'y étaient que comprimés. La pacification de la Vendée n'eut lieu que sous Bonaparte.

L'AUTEUR.

Elle laissait (la Convention) une armée intelligente, enthousiaste, la souche de cette armée de l'Empire, *qui, en dix ans, prit possession du monde.*

LE CRITIQUE.

Lorsqu'on veut écrire l'histoire, on ne peut, nous le répétons, donner l'essor à son imagination. Il faut dire la vérité et rien que la vérité. Si l'on exagère, on fait un roman plutôt qu'une histoire. Vous pouviez dire : *La souche de cette armée de l'Empire, qui, en dix ans, prit possession de l'Europe.* Vous auriez consacré à notre armée la gloire qu'elle mérite. Un éloge outré blesse toute convenance, et l'on n'y ajoute aucune foi.

Nous ne nous occuperons plus de cet ouvrage que nous venons d'examiner avec l'impartialité qui nous dirigera toujours. Nous avons mis suffisamment nos lecteurs en état de juger eux-mêmes si nous avons tort ou raison. Nous ajouterons seulement que cet ouvrage littéraire, qui n'a ni un commencement, ni un milieu, ni une fin, ne peut jamais être considéré que comme une rapsodie.

HISTOIRE DE FRÉDÉRIC-LE-GRAND; par *Paganel*.

Cet ouvrage est très-mal écrit. Le style paraît être celui d'un écolier qui a besoin de faire un cours de grammaire, contre laquelle il pèche souvent.

L'auteur est si peu judicieux, si peu instruit des critiques antérieures, qu'il attribue à Frédéric le dialogue entre Marc-Aurèle et un récollet. Tous les écrivains, tous les hommes un peu érudits n'ignorent pas que ce dialogue est l'œuvre de Voltaire, et non pas de Frédéric. Ce grand homme mérite d'avoir un meilleur historien que M. Paganel. Notre critique lui déplaira sans doute, mais nous devons la vérité à nos lecteurs.

HISTOIRE DE L'ÉGLISE CHRÉTIENNE; par *Matter*, inspecteur de l'Académie de Strasbourg.

Nous avons déjà plusieurs histoires de l'église chrétienne. Dans ces derniers tems, le père Girault nous en a donné une très-bonne. Celle de Berault-Bercastel, qui n'est pas sans mérite, a été continuée jusqu'à Léon XII par M. Pelier de la Croix, chanoine de Chartres, et aumônier de S. A. le prince de Condé. M. Matter, avec ces matériaux, n'a pas eu beaucoup de peine à composer son histoire universelle. Nous n'avons encore pu examiner que les deux premiers volumes; les autres ne sont pas encore déposés à la Bibliothèque du Roi.

Le premier volume, qui conduit à l'an 620 de l'ère chrétienne, rapporte absolument les mêmes faits que ceux relatés dans les ouvrages que nous venons de citer; mais, dans celui de M. Matter, on remarque des choses qui ne sont pas justifiées, et même des opinions qui nous paraissent très-ridicules.

Il dit que, sans le péché, l'homme n'aurait pas été séparé en deux sexes, et que sa propagation eût été semblable à celle des anges. Mais l'homme n'était-il pas séparé en deux sexes avant le péché? N'est-ce pas la compagne d'Adam qui fut cause de la ruine de ce premier homme? Par ma foi, nous lisons de singulières choses dans ce tems qui court! Qu'entendons-nous par un ange? c'est un pur esprit, un être incorporel. Qu'est-ce que l'homme? c'est un être mixte, composé d'une ame et d'un corps; il n'y a donc, en ce qui concerne la propagation, aucune analogie entre l'ange et l'homme.

Le second volume traite du rétablissement du mahométisme; de sa lutte contre la société chrétienne; de la décadence de cette société en Orient, et de ses progrès dans l'Occident. Il parle de l'origine du projet de ressaisir l'ancien domaine du christianisme; il expose qu'en l'an 633 les mœurs des chrétiens s'étaient déjà bien affaiblies, principalement en Espagne, et qu'un concile de Tolède se vit obligé d'interdire aux moines le retour au siècle, de proscrire les mariages auxquels ils convolaient, et de leur imposer de longues pénitences. (*Canons* 49 et 52.)

L'auteur justifie par des notes sa narration, et son plan paraît assez bien conçu. Le style est grave et correct.

Il termine ainsi ce second volume :

« C'est Mahomet armant la seule Arabie contre la société
» chrétienne, que nous avons vu au commencement de cette
» période ; c'est le seul Urbain II, armant l'Europe entière
» contre les musulmans, que nous apercevons à la fin de
» ces siècles. »

Le troisième volume renfermera conséquemment l'histoire de l'église pendant les croisades. Sans doute ce volume
complétera l'Histoire des croisades par M. Michaud. Nos
lecteurs peuvent être assurés que nous apporterons dans
l'analyse de cet ouvrage la plus grande attention.

Cours d'études anatomiques, appliquées à la physiologie, à la chirurgie et
à la médecine ; par *Cruveilhier*, professeur d'anatomie à la Faculté de
Médecine de Paris.

Cet ouvrage se composera de trois parties distinctes.

La première a pour objet *l'anatomie descriptive*, que
l'auteur nomme l'anatomie des formes et des connexions.
Elle traite des organes considérés à leur surface extérieure.
L'anatomie chirurgicale est le complément de cette première partie, qui forme deux volumes.

Cet ouvrage, selon le rapport des gens de l'art que nous
avons consultés, est très-estimable et bien conçu.

Cet ouvrage contiendra cinq volumes in-8°.

Il se vend chez Béchet jeune, place de l'École de Médecine, à Paris.

Anatomie pathologique du corps humain ; par le même auteur. In-folio sur
très-beau papier. Chez Ballière, libraire à Paris.

Nous avons examiné les trois premières livraisons, les
seules déposées jusqu'à ce jour à la Bibliothèque du Roi.

7**

La première traite des maladies du *rein*, de celles du *placenta*, de celles des nerfs ganglionnaires et des vices de conformation de ces parties. La description s'éclaircit très-facilement à l'aide des figures qui sont très-bien faites et lithographiées avec beaucoup de soin; les figures sont en parfaite concordance avec les descriptions. On ne pouvait mieux démontrer les maladies et les défauts naturels de ces parties du corps humain.

La même clarté, la même précision se remarquent dans les autres livraisons, qui traitent des maladies des vaisseaux lymphatiques, de la *rate,* du *cerveau,* du poumon, des artères, du foie, de la moelle épinière, de l'apoplexie du cœur et des poumons, de l'apoplexie de la moelle épinière, et des vices de leur conformation.

Il y aura quarante livraisons, à 9 fr. chacune. Nous en rendrons compte à mesure de leur dépôt.

Cet ouvrage est précieux non-seulement pour un médecin, mais encore pour un homme qui veut acquérir de l'érudition.

Vues pittoresques des vieux Châteaux de l'Allemagne. — Le Grand-Duché de Bade. A Paris, chez Levrault, libraire.

Le prospectus annonce que ces objets ont été dessinés par Ring, et lithographiés par les premiers artistes de Paris.

Sans avoir égard à cette annonce, nous sommes forcés de dire que ces objets, mal exécutés, méritent peu de figurer dans le cabinet d'un curieux. Il y a plusieurs inexactitudes dans les descriptions.

Dans la première et dans la seconde livraison, on remarque la vallée de *Kintzig,* au lac de Constance et au

Mein ; dans la troisième la ville de *Bade,* en trois lithographies, et la tour d'*Iberg* sur le sommet des monts non loin de Bade.

Chaque livraison contient un in-folio de huit feuilles avec quatre planches.

Musée français ; Recueil des plus beaux Tableaux, des Statues, des Bas-reliefs qui existaient au Louvre en 1815, avec l'explication des sujets.

Nous ne devons pas laisser croire au public que ce recueil soit une copie exacte des tableaux et des statues. C'est seulement le sujet en petit avec l'explication. Il serait très-possible même que ces dessins eussent été faits par de jeunes peintres, d'après l'explication qu'ils ont trouvée dans les livres qu'on vendait dans le tems au Muséum pour l'explication des tableaux, et que ces jeunes artistes n'eussent jamais vu plusieurs de ces originaux. Quoi qu'il en soit, ce recueil en donne une grande idée. Les dessins ont une demi-feuille, et les explications sont sur un in-folio semblable.

Nous avons fait examiner ces lithographies par des gens de l'art, et ils ont avoué que dans le nombre ils avaient trouvé quelques planches bien exécutées. Mais nous n'avons pas eu ce recueil à notre disposition, et nous n'avons pu vérifier si ces objets manquent ou sont encore au Louvre ; nous sommes donc forcés de suspendre notre jugement jusqu'au mois prochain.

Histoire naturelle des mammifères ; par M. *Geoffroi-de-Saint-Hilaire* et par M. *Cuvier*. Ce bel ouvrage, qui doit faire partie de la Bibliothèque d'un homme riche, se publie par livraisons de deux sortes. Les unes sont in-4° de deux feuilles, avec sept planches. Prix de chacune. . . . . 9 fr. L'autre sorte est in-folio de quatre feuilles, avec six planches. Prix de chacune. . . . . 15 fr.

Les figures sont originales, c'est-à-dire coloriées d'après

nature, et dessinées d'après les animaux vivans. Ces figures sont tellement bien exécutées soit pour le dessin, soit pour la lithographie, qu'il semble au spectateur voir l'animal en vie.

Cet ouvrage est publié sous l'autorité de l'administration du Muséum d'histoire naturelle.

Nous en donnerons une analyse dans la prochaine livraison de notre recueil.

COURS D'HISTOIRE DES ÉTATS EUROPÉENS, depuis le bouleversement de l'Empire Romain d'occident, jusqu'en 1789; par *Max. Samson-Fréd. Schœl.*

On annonce 30 volumes.

Par ma foi, M. de Boulogne avait bien des motifs de dire qu'il y a un bouleversement dans les idées! Un cours! appeler cet amas de mots, de phrases, un cours! c'est vraiment un Samson que M. Schœl! Trente volumes in-8° pour un cours! Mais quel est le jeune homme qui sera assez fort pour apprendre un semblable cours? Compiler, et par ce moyen faire 30 volumes, cela se conçoit. La chose est possible. L'histoire de France, par Mezerai; celle d'Angleterre, par Hume; celle d'Allemagne, réunies ensemble, formeraient plus de 30 volumes. Mais graver dans sa mémoire 30 volumes in-8°, c'est bien fort pour un jeune homme, principalement quand l'ouvrage est mal ordonné. M. Schœl ne sait donc pas que tout poème, toute fable, une lettre même, enfin un ouvrage d'esprit doit, pour être bien fait, avoir un but, c'est-à-dire un commencement, un milieu et une fin? Tout ouvrage qui ne possède pas ces qualités essentielles n'est plus un cours, n'est plus une histoire, encore moins une fable; c'est un mauvais rapport.

Dans les cinq volumes de M. Schœl qui sont déjà imprimés, nous n'avons reconnu aucune de ces qualités essentielles, aucune division marquante, mais des compilations qui ne sont pas toujours heureuses, c'est-à-dire bien choisies.

Mais, comme nous avons résolu, pour faciliter le jugement de nos lecteurs, de ne faire aucune analyse, qu'elle ne puisse paraître au moins dans deux livraisons, nous suspendrons l'examen de ce volumineux ouvrage jusqu'à la publication du trentième. Nous avons dans celle-ci commencé l'analyse du bel ouvrage de M. le comte de Jouffroi, et nous la terminerons dans la livraison du mois d'août. Si nous commencions maintenant celle de l'ouvrage de M. Schœl, nous ne pourrions la finir dans le quatrième volume que nous donnerons cette année, et cela serait très-désagréable pour nos lecteurs. D'ailleurs on doit juger qu'on ne peut bien analyser un ouvrage que quand il est entièrement terminé, à moins qu'il n'ait une division bien distincte.

ARTS, INDUSTRIE.

ICONOGRAPHIE DU RÈGNE ANIMAL, de M. le baron Cuvier ; par *Guenin.*

La lithographie est généralement mal exécutée.

MANUEL DU BONNETIER ET DU FABRICANT DE BAS ; par *Leblanc.* A Paris, chez Roret. Un vol. in-18, avec deux planches contenant dix-neuf figures, rouets, etc. Prix : 3 fr.

Nous avons consulté sur cet ouvrage les meilleurs fabricans de la capitale. Tous s'accordent à considérer ce manuel comme très-bien fait.

L'auteur commence à traiter très-habilement de la bonneterie en coton, en fil, en laine, en soie, etc.; et il entre ensuite dans les détails de la fabrication. Il parle des apprêts du chanvre et du lin, et la figure première facilite les moyens d'y parvenir. Pour égréner le dernier, il remplace les fléaux de la mécanique par des battoirs, représentés par la deuxième figure. Il indique ensuite la vraie méthode du rouissage.

Il parle ensuite du rouet, représenté par la figure cinq, et ce qu'il en dit, est traité d'une manière très-claire et précise.

A l'égard du métier pour fabriquer les bas et le tricot, les dix-neuf figures sont à l'appui de sa théorie, et l'expliquent complètement.

MUSÉE DE PEINTURE ET DE SCULPTURE; par *Duchesne* aîné.

Nous avons vu deux livraisons de ce musée; elles sont assez bien exécutées. Mais nous n'en donnerons l'analyse que quand l'ouvrage sera complet.

COLLECTION DES COSTUMES, ARMES ET MEUBLES, pour servir à l'Histoire de France; par M. le comte *Horace de Vieil-Castel.*

Nous avons examiné plusieurs de ces costumes. Ils sont généralement bien exécutés. Mais nous ne pouvons encore cette fois prononcer sur cet objet. Le tems nous a manqué pour discerner si ce sont bien les costumes et les meubles des tems cités par l'auteur, ou s'il n'aurait pas devancé les époques, en faisant paraître d'autres objets plus tard. Ces renseignemens sont absolument nécessaires, pour juger si cette collection peut réellement servir à l'histoire de France. Nous en rendrons compte dans la livraison du mois d'août, en même tems que des dessins joints au bel et savant ouvrage de M. le comte de Jouffroi. Les 52 planches de celui-ci ne nous font pas connaître seulement les meubles, les costumes et les armes, elles nous retracent les monumens par succession de tems. Ceci est bien plus complet. Nous y remarquons facilement les progrès des arts, ce que ne nous présente pas la collection de M. le comte de Vieil-Castel. L'histoire de M. de Jouffroi, les planches et les cartes comprises, ne coûtera que deux cents francs, et la collection, sans histoire, de M. le comte de Vieil-Castel, coûte 720 francs.

Voilà encore deux motifs qui nous ont engagé à suspendre notre jugement. Jamais, par une opinion précipitée, nous n'entraînerons nos lecteurs dans une dépense très-forte et inutile.

BROCHURES.

Où en serions-nous si nous nous chargions d'analyser toutes les brochures, et si nous n'avions pas retranché de notre plan les ouvrages éphémères qui n'ont aucun rapport ni aux sciences, ni aux arts, ni à l'agronomie, ni à l'horticulture? Faire l'analyse d'une foule de pamphlets qui paraissent les uns pour, les autres contre le ministère, les uns calmes et polis, les autres virulens et sans nul ménagement de convenance, il faudrait entrer dans le domaine de la politique, et nous l'éviterons autant que possible. En agissant autrement, chaque livraison deviendrait un volume. Nous devons cependant dire un mot de ces opuscules, parce que nous désirons que ce recueil peigne les mœurs du siècle, et qu'il puisse servir un jour à l'histoire du pays, et, s'il se peut, à celle de l'Europe.

Nous sommes loin d'approuver les écrits qui répandent l'esprit d'irreligion, et qui prêchent l'anarchie; un bon législateur s'en effraiera. Les lois ne sont faites que pour le maintien de l'ordre; que pour faire respecter les personnes et les propriétés, et lorsqu'il y a des mœurs dans un état, la législation a peu à faire.

Sans religion il n'y a point de mœurs, il n'y a point d'éloquence. Le style pointilleux; le style sardonique, le persifflage, ce style n'est pas l'éloquence. La meilleure de nos poésies, est celle où l'on remarque dans les actions des hommes le concours de la providence ou de la divinité. Homère, Virgile et les autres poèmes épiques sont de ce genre. Mais Homère et Virgile étaient payens; on peut donc être éloquent, quoi qu'en ait dit M. l'abbé de Boulogne, sans la religion romaine.

Cette religion, qui a toujours voulu retenir les hommes dans l'esclavage, et qui s'est toujours opposée aux progrès des lumières parmi le peuple, déplaît en général à toute l'Europe, et l'on dit que celui qui se laisse influencer par elle n'est pas à la hauteur du siècle. En effet, les Italiens ne la suivent qu'en parole; elle ne domine ni en Angleterre, ni dans la Russie, ni en Pologne, ni dans la Hollande, ni en Prusse, ni dans les États de l'Allemagne, excepté dans les domaines de la maison d'Autriche. La majorité des Français ne la souffrent pas, et ceux qui la proclament, imitent les Italiens, c'est-à-dire, qu'ils ne la suivent pas. Cependant on ne peut dire qu'il n'y ait point de mœurs dans les États que nous venons de citer. La législation doit donc suivre les mœurs du siècle pour éviter d'être continuellement en opposition avec les hommes. Voilà le siècle. Mais il est un autre point sur lequel il n'est pas inutile de fixer l'opinion ; c'est sur celui de la liberté, dont les hommes de ce tems, principalement les Français, paraissent si jaloux, et sur les fondemens de la puissance temporelle.

———

DE LA LIBERTÉ, ET FONDEMENS DE LA PUISSANCE TEMPORELLE.

Si nous avions à parler à des Barbares, ou ce qui est la même chose, à des athées, à des matérialistes, nous serions obligé de combattre la barbarie ou le matérialisme ; mais nos pensées vont s'adresser à des chrétiens, car l'Europe est chrétienne en dépit de quelques déistes qui l'habitent, et nous dirons que la nature des sociétés se trouve dans la nature et dans la révélation. Les conjectures sont des erreurs, lorsque ces deux principes, à l'appui l'un de l'autre, nous montrent la vérité.

La liberté est sans doute un des attributs essentiels de l'humanité. *Nous voulons :* nous avons donc la faculté de délibérer et de choisir. Nous faisons plus : nous suspendons, quand il nous plaît, nos délibérations et nos actions ; nous les continuons, ou nous les tournons dans le sens opposé : en un mot, l'homme se détermine et avec choix, selon ce que son ame juge le plus convenable. C'est cette faculté qui donne à l'homme une sorte d'empire sur lui-même et sur ses actions ; c'est parce qu'il est libre, qu'il renonce à sa liberté, et préfère les avantages de la vie sociale au pouvoir qu'il tient de la nature, de mener, comme la plupart des animaux, une vie vagabonde et destituée de tout rapport continu avec les autres êtres de son espèce. Le maintien de cet état social a exigé que les uns fussent chargés du soin de commander, et que les autres se soumissent à obéir, soumission contre laquelle la nature déréglée semble toujours se récrier.

Mais quel est le motif qui nous a déterminés à nous laisser dominer par des êtres semblables à nous, et auxquels l'ordre naturel ne donne aucune supériorité ? Une légère attention sur le cours de notre vie dévoile la cause de ce choix, de cette volonté.

Voyons l'homme dans l'enfance ; ce n'est que faiblesse, impuissance et stupidité. De tous les animaux, il est même celui qui reste le plus de tems dans cet état. Il y est pressé de tous côtés par mille besoins, dont un seul, si l'on n'y pourvoyait, opérerait sa destruction. Destitué de connaissance et de forces, il est dans l'impossibilité de le faire lui-même ; il ne peut donc se passer du secours de ceux de ses semblables, auxquels l'âge et l'expérience ont acquis la faculté de se conserver eux-mêmes, et ont donné des forces et une activité surabondantes qu'ils peuvent employer au soulagement des faibles. Delà cet instinct et cette tendresse naturelle des pères et mères, qui les portent à prendre soin de ceux à qui ils ont donné le jour, instinct commun à tous les animaux ; mais qui, pour l'homme social, est un devoir qu'il ne peut enfreindre sans contrevenir à la loi fonda-mentale de la société. Delà aussi découle, à l'égard des en-fans, le principe de reconnaissance et de soumission envers leurs parens, qu'on ne peut enfreindre sans manquer à l'ordre naturel et social. Voilà donc des besoins et des de-voirs relatifs qui constituent un état moral et social.

Suivons l'homme dans le cours de la vie, et nous jugerons que sa nature et ses besoins ne font que resserrer les liens qui, dès sa naissance, l'attachent à ses semblables.

Si nous le supposons dans l'état de solitude absolue, aban-donné à lui-même, privé de tout commerce avec les êtres de son espèce, et borné aux connaissances acquises de lui-même, nous le verrons le plus misérable de tous les animaux. A peine pourra-t-il satisfaire aux besoins de son corps; faible, ignorant et barbare, il sera continuellement exposé à périr ou de faim ou de froid, ou victime de quelque bête féroce.

Enfin, si nous lui supposons l'instinct de pourvoir à ses nécessités et de se défendre contre les attaques de ses ennemis, où trouvera-t-il des secours dans ses maladies?

Envisageons-le maintenant dans l'état de vieillesse, où il serait sans secours et sans forces; n'expirerait-il pas sous le poids de la misère?

La nature, en formant l'homme, lui a donc rendu l'état social indispensable. Cet état a développé chez lui le flambeau de la raison, l'usage de la réflexion, de la prudence et cette faculté de parler, par laquelle nous communiquons aux autres ce qui se passe dans notre intérieur.

Tout annonce donc que le dessein de la nature a été que l'homme vécut en société pour se civiliser et acquérir des connaissances susceptibles de développer sa raison. C'est de ses parens qu'il apprend à faire usage de la faculté de penser, de raisonner et de manifester au dehors par la parole les pensées et les raisonnemens. C'est à leur école qu'il prend les leçons de la prudence pour conserver son être, et c'est de ces institutions, dont la raison reconnait l'utilité, qu'est née la subordination, qui soumet naturellement les enfans devenus grands à leurs parens. C'est elle qui a retenu les descendans auprès de leurs ascendans, et qui a établi l'harmonie du gouvernement dans la première famille.

Les branches ne se sont dispersées que quand la trop grande propagation des premiers hommes, qui ignoraient la culture des terres, a rendu cette émigration nécessaire. Quand la mort a enlevé le premier auteur de la famille, le point de réunion s'est trouvé éteint, et les collatéraux, n'ayant entre eux aucun motif de subordination, s'éloignèrent encore parce que leurs intérêts ne se rapportaient plus au même but. Chacun s'est retiré à la tête de sa propre famille, sur laquelle il a conservé le même pouvoir que le père commun avait sur tous. Mais, rien n'établissant de subordination envers ces diverses branches, les passions armèrent ces diverses familles les unes contre les autres, et l'on sentit que, loin de diviser ses forces, il fallait les réunir pour s'opposer aux injustices, et l'on choisit un chef, puisqu'il n'y en avait plus de naturel.

La suite à la prochaine livraison.

AGRONOMIE.

La terre argileuse, mêlée avec une égale quantité de terre calcaire, ou plutôt la *carbonate de chaux* et l'*alumine*, est ce qu'on nomme la *marne*, dont les principes constituans varient à l'infini. Cette terre est la plus propre à la végétation ; mais elle s'apauvrit en produisant. Il importe donc de lui rendre tous les trois ans le sel que les végétaux lui enlèvent. Le meilleur moyen d'y parvenir c'est d'entasser sur le sol, encore revêtu de chaux, beaucoup de paille sèche de *sarrasin* ou blé noir, beaucoup de tiges de haricots, de pois, d'artichauts, de pommes de terre, d'asperges, de bruyères et des broussailles, et d'y mettre le feu. On donne à ce sol un profond labour avant l'hiver ; on le couvre de chaux, de fumier de quelque espèce qu'il soit sans être consommé et même de paille à défaut de fumier. L'hiver arrive, les neiges ou les pluies fondent la chaux, délaient toutes ces matières; la chaux se carbonise, et cette carbonate de chaux pénètre dans la terre avec les alcalis; ils s'y mêlent avec les parties nitreuses. Le soleil du printems active le développement de ces sels, et la terre acquiert de nouveau les propriétés que la végétation lui avait fait perdre.

Des agronomes habiles n'attendent pas le laps de trois ans pour amender leurs terres. Ont-ils des boues des rues? ils les conduisent sur le sol destiné à la végétation des céréales; ils y jettent ou sèment de la *muriate de chaux*, qui est un sel neutre; ils y mettent du fumier tous les deux ans; et cette culture bien entretenue rapporte chaque année d'immenses produits.

Si la terre est sablonneuse, il est facile de la rendre plus compacte et plus propre à retenir l'eau, en conduisant sur le sol de l'alumine ou terre argileuse. On laboure; on répand la chaux, ou la *muriate de chaux*, c'est-à-dire la chaux fondue et dégagée de toute humidité, qui a été remplacée par l'air; on l'alcaligène de la manière que nous venons d'indiquer, et le sol devient très-propre à la culture des céréales.

Les excrémens de l'homme produisent également un bon engrais; mais il ne convient de les employer que quand le soleil les a desséchés, parce que l'acide *muriatique* qui s'y trouve est nuisible plutôt que propre à la végétation. On a donc eu tort de penser que l'urine de l'homme y était propice. Il est facile de démontrer le contraire. Qu'on répande du sel marin sur un sol appauvri, qu'on laboure ensuite, on verra si ce sol produira beaucoup. Nous parlons d'après des expériences répétées. La théorie jointe à la pratique mérite bien d'être écoutée. Mais, dira-t-on, la Société royale et centrale d'agriculture de Paris a donné des félicitations aux propriétaires des fosses inodores de cette capitale, pour avoir rétabli la propriété de l'urine de l'homme comme engrais. Cela est vrai; mais cette urine n'est employée qu'avec un mélange à poids égal de plâtre, ce qui constitue l'*urate*; et cette matière est très-propre à faire développer une grande végétation dans une terre bien entretenue. Elle a la propriété de faire périr les insectes terrestres qui mangent la racine des plantes. Elle active le développement des alcalis qui se trouvent dans le sol, et l'on remarque d'abord une végétation forte et même étonnante. Mais ce grand développement fait rendre à la terre tout le suc végétal qu'elle contenait, et si elle n'est pas alcalisée de nouveau, on n'obtient l'année suivante qu'une très-faible récolte. Nous parlons d'après l'expérience renouvelée plusieurs fois.

C'est le plâtre qui est un bon engrais et non pas l'urine de l'homme. La *muriate* de chaux est donc préférable à l'*urate*. Ce sel neutre fait périr comme elle les insectes ; mais n'appauvrit pas la terre ; ainsi le plâtre seul, mis sur la terre, produirait un meilleur effet que mélangé avec l'urine de l'homme.

Il y a des urines, qui, sans combinaison, sont très-propres à la végétation : ce sont celles des bêtes à cornes et des chevaux : il est donc inutile de recourir à l'*urate* qu'on n'obtient que par une préparation et qui appauvrit le sol, en lui enlevant les propriétés de l'alcali qu'il contenait. Le charbon animal lui serait préférable parce qu'il contient la carbonate de chaux.

Un sol, sur lequel on aurait répandu du plâtre ou de la muriate de chaux, et que l'on imbiberait après les semailles avec de l'urine des bêtes à cornes, aurait une végétation étonnante et non pas trop forte. Mais on doit y répandre chaque année de la même urine pour obtenir les mêmes succès.

Les habitans de la Belgique, qui s'entendent à l'agriculture, n'en perdent point. Leurs écuries sont en talus ; les urines coulent dans une rigole qui est au fond, et de là elles se rendent dans un tonneau enfoncé dans la terre. Ce tonneau, placé à l'extérieur de l'écurie, est couvert. Les paysans y puisent l'urine pour la répandre sur les terres, lorsqu'elles sont ensemencées de céréales. Cette méthode a l'avantage de rendre l'étable très-saine, et de ne rien perdre d'une matière, dont on remarque bientôt, dès qu'on l'emploie, le succès prompt et rapide.

Toute terre n'a pas besoin d'être marneuse, ainsi l'on doit réserver pour les plantes céréales les engrais dont nous venons de faire l'énumération. La terre sablonneuse et remplie de petites pierres est très-propre à la luzerne, si convenable à la nourriture des bêtes à cornes.

La terre sablonneuse mélangée d'un peu d'alumine est très-bonne à la plantation des pommes de terre, comme aux haricots, aux pois, aux lentilles.

La vigne se plaît beaucoup dans les terres pierreuses et alumineuses. Ainsi on doit réserver les terres marneuses pour la culture des céréales, et les autres pour la culture des objets dont nous venons de parler.

Il s'ensuit de ce que nous venons de dire que la terre ne se reposerait jamais si l'on avait soin de réparer ses pertes. Il y a des endroits où elle donne deux récoltes chaque année. Mais nous avons remarqué que les plantes céréales et même les pommes de terre se plaisent à alterner, c'est-à-dire à être semées une année dans un champ, et la seconde année dans un autre. Ainsi l'on doit placer le blé où précédemment on a mis du seigle ou de l'avoine.

La pomme de terre aime également à se promener d'un sol à l'autre. Pour la planter, on commence à bien ameublir la terre ; l'on y trace un échiquier par des trous de la profondeur d'un pied sur autant de large. On coupe une pomme de terre de moyenne grosseur en quatre parties ; on la met dans le trou, et l'on jette dessus une pelle de fumier non consommé de bêtes à cornes. Lorsque l'échiquier est garni, on couvre tous les trous de terre, en ameublissant de nouveau celle-ci.

Lorsque la plante est sortie de terre à la hauteur d'un demi-pied, on doit amasser de la terre autour, de manière à ce qu'on ne voie presque plus la tige. Bientôt elle reparaît à la même hauteur, et l'on doit la buter une seconde fois.

Telle est la base de notre système d'agronomie, dont nous nous appuierons dans la suite pour faire la critique de tous les ouvrages qui paraîtront sur cet objet important. Mais un bon agronome, s'il est propriétaire d'une ferme un peu considérable, doit avoir une vingtaine de belles vaches, qu'il nourrit avec de la luzerne, et avec du regain mêlé de paille et de menue paille, avec des betteraves, pendant l'hiver. Il nourrit aussi quelques bœufs, et par ce moyen il double tous ses produits par les engrais. Lorsque le foin des prés est récolté, il n'a garde d'y mettre ses bestiaux. Il lui faut une seconde récolte, et ce n'est qu'après cette seconde récolte, qu'il fait dans le mois de septembre, qu'il envoie paître ses bêtes à cornes dans ses prairies jusqu'au mois d'avril. Il les envoie aussi dans ses champs un mois après que les *grains* en ont été *fauchés*. Ces animaux engraissent les terres, et par leur urine et par leurs excrémens. Ils broutent les herbes et les tiges des carottes, si l'on a eu le soin d'y en semer. *Ceci nous fournira un article pour la prochaine livraison.* Nous y traiterons en particulier de la culture du *tabac*, de la *garance*, du *blé noir*, plus important qu'on ne le pense, des *prairies artificielles*, de la *pomme de terre*, etc.

La culture des arbres est généralement négligée en France. Nous en dirons un mot maintenant.

Indépendamment des arbres fruitiers, dont il sera question à l'article de l'horticulture, nous avons des arbres qu'on emploie à des ouvrages journaliers, dans les bâtimens, aux meubles, au charronnage, à la boissellerie.

Ces arbres sont le *chêne*, l'*orme*, le *hêtre*, le *charme*, l'*érable*, le *merisier*, le *noyer*, le *peuplier du Canada*.

La culture du frêne est généralement abandonnée dans les Pays-Bas, parce que ses racines, au lieu de pénétrer, de s'enfoncer dans la terre, se promènent à sa surface, et éloignent de cet arbre toute autre espèce de végétation. Il fait même périr les saules, le bois noir, les épines, qui viennent partout, fussent-elles dans un endroit humide. Nous en avons fait l'essai. Les charrons préfèrent au frêne l'usage de l'orme, du charme et de l'érable.

Le chêne, le plus précieux de nos arbres, se plaît dans les endroits humides et dans les bonnes terres. Pourquoi ne contracte-t-on pas partout l'usage de clore de haies les propriétés rurales de quatre à cinq arpens, comme dans la Belgique, dans la Bretagne et dans le midi de la France? Qui empêcherait de mettre dans ces clôtures, principalement dans celles des prairies, pour servir d'abornement, cinq à six chênes? Est-ce que les voisins pourraient se plaindre de leur ombre? Mais lorsqu'on sait cultiver le chêne, cet arbre donne peu d'ombrage autour de lui. Ses racines s'enfoncent dans la terre et ne serpentent point. C'est le tronc qui est l'objet important; il est donc nécessaire de couper chaque année les branches qui poussent après la tige de cet arbre, pour ne réserver que la sommité qu'on doit avoir soin de ne pas étêter. Tant que cet arbre n'est pas parvenu à la hauteur de cinquante pieds, on ne doit laisser aucune branche après la tige, et il importe toujours de couper chaque année celles qui voudraient pousser à une distance moindre.

Ce tronc de cinquante pieds doit toujours rester dégagé de branches; alors son ombre ne peut nuire à la végétation

8*

que l'on désirerait à côté de ce chêne. Il est même prouvé que la terre noire prise auprès des racines de cet arbre, est très-propre à toute espèce de végétaux.

Enfin ne peut-on pas laisser, entre sa propriété et celle du voisin, un espace de quatre à cinq pieds, qui formerait un chemin de voiture, et avoir la clôture et le chemin seul? Rien n'assainit plus un terrain qu'un grand chemin autour, s'il est un peu creux. Après l'hiver, la terre s'ameublit bien plus promptement. Ainsi, si nous perdons un peu de terre pour clore un grand terrain, l'expérience nous prouve que nous récupérons très-facilement cette perte, soit par la clôture même, soit par la facilité que ce chemin procure pour en sortir les foins ou les graines, soit enfin en assainissant le terrain.

Cette clôture ne doit être formée que par des arbres d'un grand rapport, mais jamais par des épines, encore moins avec de la charmille.

Tous les arbres en général doivent être plantés à une distance de trois pieds d'un ruisseau, parce que le trop grand voisinage du ruisseau, et plus encore d'une rivière, les ferait pencher vers l'eau, et la tige de l'arbre deviendrait courbe, ce qui ne conviendrait sous aucun rapport.

Le peuplier du Canada, dont l'écorce est blanchâtre, et dont les feuilles sont argentines, se plaît encore dans les lieux humides, et l'intérêt du propriétaire est d'en placer encore dans la clôture dont nous venons de parler. Dans l'espace de quinze ans, un peuplier du Canada, qui a coûté cinquante centimes, vaut cinquante francs s'il est élevé de la même manière que nous avons indiquée pour le chêne. Il s'élève même plus haut, et sa tige, lorsqu'il a quinze ans, a quelquefois deux brassées de circonférence. On en fait des planches magnifiques pour les tables et pour les apparte-mens. Ces planches sont bien plus belles que celles du chêne et du sapin, et d'un meilleur usage que les dernières. Le peuplier du Canada est peu cultivé en France; mais les Belges, qui en ont reconnu, ainsi que nous, les précieux avantages, en placent beaucoup dans leurs clôtures champêtres. Qu'est-ce qui empêcherait que dans la clôture on en plaçât un à douze pieds de distance du chêne que nous avons engagé d'y planter? Une clôture, ainsi entremêlée de chênes et de peupliers du Canada, vaudrait un grand prix, et pourrait être commune à plusieurs propriétaires.

Dans soixante ans, le chêne vaudrait cent francs au moins; le peuplier, arraché au bout de quinze ans, pourrait être remplacé par un autre, et ce remplaçant vaudrait encore cinquante francs lorsque le chêne serait bon à abattre. Chacun de ces arbres, bien soigné, rapporterait donc, compris le remplaçant du peuplier, cent francs dans l'espace de soixante ans. On peut placer des saules entre le chêne et le peuplier, et ces saules, bien choisis, rapportent encore chaque année un produit avantageux. On les vend aux pannetiers. Les branches, qu'on coupe tous les deux ans, en étêtant, en tondant le sol, ont encore leur usage.

Le buis peut encore faire partie de cette clôture. On en plante une tige seule. En lui donnant un bon tuteur, ayant soin de l'élaguer des pousses qui se feraient au pied, et des branches qui viendraient après la tige, on pourrait obtenir, au bout de cinquante ans, un arbre précieux, avec lequel on ferait un très-beau meuble.

L'orme, le hêtre, le charme se plaisent mieux dans les lieux secs que dans les endroits humides. J'en ai vu même de magnifiques sur des hauteurs. Ces arbres se plaisent encore le long des chemins et des avenues. C'est là seulement qu'on doit planter le noyer, ou à l'extrémité d'un verger, parce que son ombre est nuisible à la végétation. Mais nous avons remarqué que le noyer vient plus beau dans les endroits

humides que dans les lieux secs, pourvu qu'il soit suffisamment éloigné d'un ruisseau, qui ferait courber sa tige.

Il conviendrait de ne transporter à demeure que des
noyers de l'âge de quatre ans, et de leur donner un tuteur solide. On doit les élaguer avec soin au pied et à la tige,
jusqu'à la hauteur de cinquante pieds. Alors leur ombre est
bien moins nuisible, et l'on a de plus belles tiges. Dans un
siècle, un noyer pourrait avoir deux brassées de circonférence, et ce serait un arbre de beaucoup de valeur.

HORTICULTURE.

En France, l'horticulture est encore bien imparfaite. Les
uns ont voulu imiter les Anglais, et ont rempli les terrains
qui avoisinent leurs châteaux ou leurs maisons de campagne
d'arbres inutiles; d'autres dégarnissent leurs jardins d'arbres, et si l'on en trouve, ce sont de grands arbres, dont
l'ombre nuit à la végétation. Enfin quelques-uns ont relégué
les arbres dans les vergers, et leurs jardins sont entièrement
monotones. Il nous semble qu'on devrait toujours chercher
à réunir l'agréable à l'utile, en faisant en sorte que l'un ne
puisse nuire à l'autre.

Pourquoi, dans un parterre, entre les fleurs et la partie
cultivée, ou en pelouse, craindrait-on de placer un arbre à
fruit, un pommier ou un poirier? N'est-il pas facile de tail-
ler ces arbres en quenouilles, qui rapporteraient beaucoup
de fruits en même tems qu'ils formeraient une belle parure
dans ce parterre, surtout si l'on savait entremêler ces arbres

d'arbustes à fleurs pour chaque saison, *printems*, *été*, *automne ?*

Le genêt, l'arbre de Judée, la boule de neige, le sorbier, le lilas en buisson, le laurier-rose, le jasmin des Açores, etc., entremêlés de quenouilles à fruits de différente espèce, ne produiraient-ils pas un bel effet ?

Pourquoi, dans le milieu de la pelouse, s'il y a un jet d'eau, n'ornerait-on pas ses bords de quelques saules-pleureurs et de quelques sorbiers qui aiment également le voisinage de l'eau ? En plantant ces arbres à quatre pieds de distance de la pièce d'eau, pourraient-ils en détruire l'effet ? Nous croyons tout le contraire.

Pourquoi dans cette pelouse ne placerait-on pas à de grandes distances quelques arbres à fruits en quenouilles pour en couper la monotonie ? Ne peut-on placer aux pieds de ces quenouilles tantôt du chèvre-feuille d'Espagne, tantôt un pied de vigne, quelquefois un pot de serpentine, enfoncé dans le sol ?

Si la pelouse est d'une grande étendue, penserait-on en gâter l'effet en plaçant à chaque coin, ici un beau prunier d'abricotière, là un prunier de mirabelle, ailleurs un prunier de reine-claude, et dans un autre endroit un cerisier ou un pommier de calville rouge ? Il nous semble au contraire que leur ombre serait agréable à chaque coin d'une belle pelouse.

Pourquoi, dans un jardin anglais, ne placerait-on pas encore beaucoup de ces quenouilles ? elles feraient même un très-bel effet dans un labyrinthe, où l'on doit remarquer, pour s'y reconnaître, ici un grand cerisier, de ce côté un orme, un chêne ailleurs, et quelques peupliers du Canada. Mais dans le parterre, dans le jardin anglais, dans le labyrinthe, nous trouverons toujours une mauvaise disposition, si l'on ne sait y introduire une surprise. Tantôt c'est une chinoise, ou une grotte, ou une chaumière, ou une cascade, ou même un petit ruisseau sans profondeur, qu'on n'avait pas aperçu. L'objet doit se présenter inopinément à la vue du curieux, qui examine, en se promenant, avec plaisir des endroits qu'on a eu le talent de rendre enchanteurs. Le charme sera bien plus attrayant pour nous, si nous ne sommes parvenus à la surprise qu'avec un peu de peine, en traversant des sentiers tortueux, étroits, bornés d'arbustes touffus qui se courbent sur notre chemin, et dont il faut redresser les branches pour s'ouvrir un passage. Ce sentier s'élargit tout-à-coup, et nous trouvons une plantation de framboisiers, de mûriers, de groseilliers, entourée d'épines-vinettes, de quelques citises, de quelques cerisiers, de quelques acácias à bouquets de roses. On trouve ensuite plusieurs sentiers, et l'on est embarrassé sur le choix. Si nous allons à gauche, par un sentier aussi difficile que le premier, nous voyons le dieu *Pan* au milieu d'une petite pelouse, entourée d'un petit légumier : ce sont de belles laitues pommées, ou des chicorées, des melons, des aubergines; à l'extrémité l'on remarque une belle plantation d'angélique, et tout autour de cet endroit des épines-vinettes qui obstruent le passage et forcent le curieux à rebrousser chemin. Revenus à la plantation de framboisiers, si nous prenons le sentier en face auprès des cerisiers, nous trouvons, après avoir cheminé quelque tems, un terrain qui s'élargit. Il est borné de toutes parts d'arbres fruitiers en quenouilles de différentes espèces, pruniers, poiriers, cerisiers nains; le chemin s'ouvre davantage, et nous remarquons une autre pelouse, bornée de toutes parts de pommiers à haut vent. Au milieu de la pelouse sont des quenouilles de poiriers, de pommiers, au centre desquels on remarque un vide; mais ces arbres sont plantés si proche l'un de l'autre qu'on ne peut deviner ce qu'ils entourent. Enfin on remarque une issue, et l'on voit Pomone, qui préside dans ces lieux charmans. Mais des touffes d'épines-vinettes, de poiriers et de pommiers sauvages empêchent l'amateur des jardins d'aller plus loin. Cependant la curiosité nous invite à tout examiner, et, comme nous avons vu un sentier à notre droite dans la plantation des framboisiers, nous y courons. Mais tout-à-coup nous remarquons un petit ruisseau qui couvre, en serpentant, le chemin de ses eaux limpides, et nous sommes forcés de passer à côté dans des broussailles : nous voyons le sentier s'élargir, le ruisseau couler de chaque côté, et nous rentrons dans un beau chemin bordé de gazon d'Espagne, et de petits œillets roses, dentelés, dont l'odeur est très-douce et très-agréable. Les arbres s'éloignent, pour faire place aux rosiers de toute sorte. C'est un autre horizon qui s'élargit à mesure qu'on avance, et l'on se trouve dans un parterre magnifique, arrosé par le petit ruisseau. Flore, chargée de fleurs, est au centre de ce lieu charmant, et y préside sur un beau bloc de marbre blanc. Mais ce parterre n'est pas tellement fermé qu'on ne puisse aller au-delà, soit devant soi, soit à droite ou à gauche. De beaux chemins ornés de lilas, de rosiers-roses, de citises, de rosiers à roses mousseuses, engagent à s'y promener ; mais le ruisseau s'épanche dans le chemin qui est derrière la déesse, et ce n'est pas celui-ci que l'on choisit. On prend celui à droite, qui est plus large. On entre bientôt dans une grande pelouse, au midi de laquelle, adossées contre un mur, sont des ruches de mouches à miel. Autour sont de petits sentiers, bordés de thym, de lavande, de réséda, de sauge, et autres plantes odoriférantes. On regrette d'y être allé. On retourne prendre le chemin, qu'inonde le petit ruisseau. On le suit de côté, malgré les rosiers qui embarrassent, et l'on voit s'étendre l'horizon. On fait quelques pas, et l'on est dans une prairie ; dans le milieu c'est un beau canal, où se promènent, où se jouent des cygnes et autres oiseaux aquatiques. Neptune est là avec sa cour, et avec son trident il fait jaillir les eaux : des dragons la jettent par leur gueule ; elle sort des narines des veaux marins. On suit le canal : on aperçoit de nouveau à droite le mur où sont les abeilles, et l'on est tenté de revenir par ce côté, pour ne pas passer dans le chemin, où le petit ruisseau paraît vouloir se promener seul. On se décide, on avance à travers de belles plantations d'arbres fruitiers en quenouilles, entremêlés de saules pleureurs ou de sorbiers, on voit un petit vieillard qui lit, et plus loin, sur le canal, un jeune homme qui pêche à la ligne. On est tenté de retourner, parce que le sol est obstrué par des plantations de framboisiers, de rosiers, de mûriers, de noisettiers. On prend courage parce qu'on veut tout voir ; on ne trouve plus rien, on se dépite. Cependant on aperçoit le mur ; on pense trouver une issue de ce côté, et après quelques pas on voit Henri IV qui s'entretient avec Sully. Le lecteur s'apercevra bien que nous venons de faire la description de lieux charmans que nous avons vus. Soit ; en la faisant, nous lui avons dit comment doit être un jardin bien compris.